ニトリの働き方

似鳥昭雄

大和書房

はじめに――ニトリが大切にする4つのC

「お、ねだん以上。」で知られるニトリは、住まいをより快適で楽しくする商品を、お求めやすい価格で販売しています。おかげさまで多くのお客様にご支持いただき、年間売上高６４２２億円、経常利益１０９５億円、国内外合わせて６０７店舗（２０２０年２月期）の企業に成長しました。その原動力は何かと問われたら、私は「何より大事なのは人だ」と答えます。

人の成長が組織力を高め、変化する世の中でも価値ある商品やサービスの提供ができる企業に近づくのです。人材育成には時間を要しますが、お客様に満足いただくためには、決して遠回りではありません。

企業に大事なのはやはり「人」なのです。

社会をより良くしようとする崇高なロマン（志）と、普通のことをしていたら到底達成できない高いビジョン（目標）を掲げ、ひたむきに、それに向かっていく。そのためには、ニトリで働く誰もが、「自分自身とニトリ」を進化させ続ける人材に育ってもらわなければなりません。そのために、私たちは、チェンジ（Change、変化）、チャレンジ（Challenge、挑戦）、コンペティション（Competition、競争）、コミュニケーション（Communication、対話）の4つのCを大切にしています。

この4C主義で自己成長したい人が集まる会社を目指してきたからこそ、ニトリは成長・発展し続けています。

ニトリでは、好調なときでも現状に満足せず、常により良いものを求め「変化」し続けることを信条としています。そして、刻々と変化する環境のなか、ピンチに陥ることがあろうとも、それを急成長のチャンスととらえ、大胆な挑戦をともなう改革で乗り越えるのです。

「挑戦」とは、今までと同じことをしていたら達成しえない目標に対し、リスクを取ってでも実現に向けて前向きに挑むということです。それには常識や慣例を捨て、ゼロベースで学び、考えて行動していく、その覚悟と執念が必要です。

そして、お客様、従業員、取引先や知人との「対話」から、常に自分自身の能力を更新し、技術を磨き続けながら、一人ひとりが自分自身と「競争」し、また他者と切磋琢磨することでこそ、人は成長していくことができるのです。

２０２０年前半の新型コロナウイルス騒動のさなかでは、多くの企業が在宅ワークに舵を切ったこともあり、ビジネスパーソンの間でホームオフィスへの需要が一気に高まりました。自主休業も相次ぐなか、ニトリは一部のテナント型店舗を除き、営業を継続しました。多いときには1日で２０００件もの、「コロナの感染者増につながる」といった批判もいただきましたが、オンライン通販の「ニトリネット」だけでなく、店を開けることもお客様のためになるのだと判断しました。実際に、全国のお店に月に２０００万人ものお客様がご来店くださったことは、必要なものを購入したいと思う、お客様のご要望に応えることができた結果だと思っています。

未曾有の事態においても、世のため、人のためになることとは何かを一心に考え、今までとは異なる新たな取り組みに挑戦できる人づくりを進めてきたからこそ、このような難しい判断ができたと思っています。

本書では、ニトリが今日にいたるまで、試行錯誤を繰り返しながら、とことんこだわってきた４Ｃ主義をベースに、「働く」ということについて私の考えをお話ししていきます。

一度きりの人生を「働きがい」と「生きがい」に満ちたものにしていくためには、どのような心構え、考え方、仕事への取り組み方が大切か、実際に働く社員たちの体験も、実例として共に記していきたいと思います。

「仕事で素晴らしい成果をあげ、豊かな人生を全うしたい」「今の自分の仕事に、もっと前向きに、打ち込んでみたい」と思う方には、新しい未来に進むための道しるべとなるよう書き上げました。

一方で、読者のなかには、「なぜ、仕事でうまくいく人と、うまくいかない人がいるのか」と疑問を抱いている方や、「目の前の仕事に一生懸命取り組んでいるのに、なかなか成果が出ない」と焦りを感じている方もいるでしょう。日々の仕事のなかで、「何のために働くのか」「時間をムダにしているのでは」と将来に対し不安を抱き、働くことの意義や目的を見失っている方々にも、きっと参考になると思います。

これからの社会を背負って立つ読者が、本書を読まれるなかで、働くことの本当の価値を見いだされることを、また、素晴らしい人生を歩むために少しでも役立つことを願ってやみません。

株式会社ニトリホールディングス代表取締役会長兼CEO　似鳥 昭雄

ニトリの働き方　目次

序章　志で変わる仕事と人生の結果

第1章 チェンジ Change

——現状に満足せず、より良いものを求め続ける

第2章　チャレンジ Challenge
——前人未到なことに挑戦していく

第3章　コンペティション Competition
——常に自分を成長させることを考える

第4章　コミュニケーション　Communication
——右手にそろばん、左手に義理人情

第1期「30カ年経営計画」

1973 〜 1982	**店づくり** 店舗数：**2**店舗 → **10**店舗 （**8**店舗出店　1年あたり**0.8**店舗） 売上高：**1.6**億円 → **54**億円
1983 〜 1992	**人づくり** 店舗数：**10**店舗 → **21**店舗 （**11**店舗出店　1年あたり**1.1**店舗） 売上高：**54**億円 → **177**億円
1993 〜 2002	**商品づくり・仕組みづくり** 店舗数：**21**店舗 → **82**店舗 （**61**店舗出店　1年あたり**6.1**店舗） 売上高：**177**億円 → **822**億円

第2期「30カ年経営計画」

2012　300店舗　売上高3000億円

2012年度 **300**店舗 売上高**3487**億円
経常利益**621**億円（利益率**17.8**%）

全国チェーンで日本の暮らしを変革

2022　1000店舗　売上高1兆円

2019年度 **607**店舗 売上高**6422**億円
経常利益**1095**億円（利益率**17.1**%）

世界でドミナントエイリアを拡大し、
暮らしの変革へ

2032　3000店舗　売上高3兆円

世界の人々に豊かな暮らしを提案する企業へ

序章

志で変わる
仕事と人生の
結果

世のため、人のために行動する

ニトリは１９６７年にたった1店舗、大きさも30坪しかなく、１００万円の借金を抱えた状態の家具屋からスタートし、今日に至るまで成長・発展を続けてきましたが、運命的な転換点となったのが１９７２年、アメリカへの視察旅行でした。この視察旅行が、私と会社の運命を大きく変えることになります。

ロサンゼルスとサンフランシスコの家具店をいくつか視察し、私は人生観が覆るほどの衝撃を受けました。まず驚いたのが、ソファやベッド、ダイニングテーブルなどの隣に、カーテンやカーペット、寝装品といったインテリア用品が並んでいて、色やスタイルがトータルにコーディネートされて販売されていたこと。そうした販売手法がアメリカの人々の生活の豊かさを支えていることに感動したのです。

加えて驚いたのが、価格が日本の約2分の1から3分の1だったことです。なぜだろうと考えたところ、商品づくりにおいて、そもそもの発想が違うのだと気づきます。日本ではメーカーや問屋が商品の仕様や価格を決めるため、作る側、売る側の考え方、都合優先で商品を作っていますが、アメリカでは使う側、買う側のお客様に近い視点で発想した商品、つまりお客様の暮らしを便利に、豊かにするためにはどうすべきか、商品だけでなく店舗まで、研究した結果をもとに作られているのです。

日本はアメリカに少なくとも50年は遅れている。アメリカと比べると日本の暮らしはまだまだ貧しい。私はそう痛感し、「私の使命は家具を売って儲けることじゃない。日本人の暮らしをアメリカ並みに豊かにすることに自分の一生を捧げて、それを生きがいにしよう」と決意しました。

会社である以上、利益を追求するのは当然です。しかし、それだけでは必ず限界が訪れます。利益優先になると会社本位になり、お客様の視点を忘れてしまうからです。会社にとって何よりも大切なのは、「世のため、人のため」というロマンなのです。そして、なんとしてもロマンを実現するという強い覚悟です。

ニトリはずっとロマンを大切にしてきました。私が初めてアメリカを訪れたときに芽生えた、「欧米並みの住まいの豊かさを、日本の人々に提供する」というロマンは、今では日本だけでなく世界中の人々を対象に、「住まいの豊かさを世界の人々に提供する」というロマンであり企業理念として会社に根づいています。このロマンが会社の存在意義を決定づけ、それに共感する社員たちの躍進の原動力になっているのです。

ロマンは、判断・行動の指針となる

ロマンとは、自分自身の幸せや成長を超越したところにある願いです。世のため、人のために役に立つんだという「志」でなければ、ロマンではありません。つまり、仕事に対して「世のため、人のために、人生をかけて貢献したい」という高潔で希望に満ちた思いです。そのうえで、「自分でやり遂げるのだ」という覚悟があってはじめて、ロマンを抱いているといえます。「誰かがやるだろう。自分はそれに便乗すればいい」と他人任せの状態では成し遂げられないほど、ロマンは壮大な願いなのです。

私は常々、仕事でしか得られない人生の充実感がある、と考えてきました。もし、ロマンを抱いていなかったら、抑揚のない退屈な人生になっていたことでしょう。「世界中の人々の暮らしを豊かにする」という人生の目的を見つけたことで、物事の見方、考え方、働き方が１８０度変わりました。

それまでは、自分は何のために努力しているのか、この努力がどこにつながっていくのかも見えずに、ただ「売上をあげよう、儲けよう」と、毎週、毎月、毎年、そればかりでした。視点が自分中心だったのです。働く目的が、「人々の暮らしを豊かにすること」に変わると、自分だけがトクをするために努力していたものが、人々の「幸せ」につながる努力に変わります。お客様にとって何が不平で、何が不満で、何が不便なのか、買う側、使う側の立場に立って、考えるようになるのです。

人は、誰かの役に立って喜ばれたときや、自分を活かすことができたときに充実感を得るものです。一生をかけるに値するロマンがあり、それに向けて仕事をしていると実感できたときにこそ、その仕事はやりがいではなく「生きがい」となるのです。

高いビジョンを掲げ、それに挑戦する

「世のため、人のために貢献する」という社会的使命を根底としたロマンは、目指すべき状態です。だからこそ、何かひとつの事業が成功したから達成したというようなゴールはありません。そうではなく、ロマンの実現を目指して追い求め続けていくのが正しい姿です。ですから終わりはありません。そのときに、ロマンと並んで大事なのが、ビジョンです。目標とする数字と、それを達成するまでの期限を入れた、具体的な数値目標です。大きなロマンを実現に近づけるためには、ビジョンが必要なのです。

ビジョンをもつことではじめて、それまでは漠然としていたロマンが形をもちます。壮大なロマンをなにがなんでも実現してみせる。そのために、長期にわたって高い目標を設定し、達成に向けて仕事をしていると、小手先の改良・改善を積み重ねていくだけではなく、常識や先入観を捨て、あらゆる情報を採り入れて、イノベーションを起こさざるをえなくなります。つまり、ビジョンを達成しようと努力することで、働

き方そのものが変わっていくのです。

「とにかく目の前の問題をなんとかしよう」という短期決戦型から、「第一に方向性が正しいかを判断し、次にどんな方法を使うか学び、そして考え、方法が決まったら、手順を踏んでそれを実行に移していく」という、計画的な形に変わっていきます。

仕事には、たくさんの失敗があります。失敗したとき、「まあ、いいか」とあきらめてしまうのは簡単です。しかし、なぜこの仕事に取り組むのか、何のために成し遂げなければならないのか。ビジョンによってそれが明確に理解できていれば、簡単にあきらめられるはずはありません。

成長の速さは、目標の大きさで決まる

ビジョンは、長期かつ達成不可能とも思えるほど、大きなものでなければなりません。簡単に手の届く範囲にある目標を、ビジョンとは呼びません。

基本は〝100倍発想〟です。3年、5年先といった近い未来しか見ずに、今自分

が立っている位置をベースに計画を立てたとしたら、たとえそれが実現したとしても、見える景色にあまり変わりはありません。しかし、20年、30年先を見据え、今の１００倍の目標を立てるという話になると、達成したときには今とはまったく違う景色が見えてきます。今までと同じことをしていては決して達成できないほど大きな目標を掲げて、そこに向かって突き進んでいく、それがビジョンというものです。

ビジョン達成のためには、常識の呪縛から抜け出さなければならないのです。たとえていうなら、それまで足で歩いていたものを、自転車に乗り換え、さらに自動車に乗り換え、そこからさらに飛行機に、さらにロケットに乗り換えるような異次元の発想の転換が必要になります。こうした発想の転換がなければ、企業の成長は頭打ちとなってしまうでしょう。

また、一人ひとりがビジョン達成に向けて、リスクを恐れずに挑戦し、実現するまであきらめない覚悟をもつ。それは、個人の仕事への意欲につながっていくのです。

ビジョンが大きく、また遠くにあることで意欲は高まります。なぜなら、常識にとらわれない挑戦を繰り返し、得られた数々の成功と失敗は、他にはない自分を成長させてくれる経験となるからです。小さく、ありふれた挑戦のみであれば、それに合わせた経験値しか得られないのです。もし成長の速さが思い通りにならないとしたら、それはビジョンの内容が、実は「ただの私欲」にすぎないからです。

行動計画をもとに、すべきことを徹底実行する

ニトリがまだ２店舗だった１９７２年、私は第１期「30カ年経営計画」を作り、「２００２年までに１００店舗に増やし、年間売上高を１０００億円にする」という目標を社内外に宣言しました。これがニトリが最初に設定したビジョンです。

当時の売上高は１億６０００万円ほどでした。実現不可能だと誰もが思ったことでしょう。しかし31年後の２００３年に、１年遅れではありますが、これを達成しました。そのために私たちが行なってきたのが、「未来から逆算し、今日一日、すべきことを実行する」ということでした。

まずはビジョンを「30年、10年、３年、１年」という形に分解していきます。たと

えば、ニトリであれば、２００２年までの30年を10年ごとに大きく分け、最初に店づくり、次に人づくり、最後に商品と仕組みづくりと定めました（16ページ図参照）。それを３年、１年、さらに年間計画は週ごとに分け、「その週に何をするのか」という具体的な行動計画にする。そして、行動計画をもとに、今日一日、すべきことを、徹底実行していく。計画通りにいかないなど問題があれば、その根本原因が何か、事実を調査したうえで対策を決め、即座に行動に移しました。このように、ビジョンから逆算して行動するということを、30年以上、ひたむきに積み重ねていったからこそ、当時は不可能としか思えなかった大きなビジョンを達成できたのです。

　そして、２００３年をスタート地点とする第２期「30カ年経営計画」で、私は、「２０３２年までに３０００店舗、売上高３兆円」というビジョンを立てました（17ページ図参照）。目標が高ければ高いほど、現実がなかなか追いついてこないのは確かです。しかし、その高い目標と現実を一致させることができれば、日本はもとより世界の人々に住まいの豊かさを提供するというロマンに近づくはずです。

　大切なことは、とにかくビジョン達成に向かって前進することです。

第1章

チェンジ

Change

――現状に満足せず、
より良いものを求め続ける

現状を否定するところから仕事は始まる

企業は存在する限り、常に成長し続けなければなりません。過去の業績も、今取り組んでいることも、すべては次の段階のための準備なのです。常に5年後、10年後を見据えて進化し続けなければなりません。

個人についても、これと同じことがいえます。現状維持に精いっぱいでは、成長は止まってしまいます。チャンスが巡ってくることはなく、やりがいのある仕事にチャレンジすることもできません。

成長するための原点は、過去と現在とを徹底して否定することにあります。現状は到達点に至るまでの途中の段階にすぎないと考え、必要ならためらいなく過去の成功も否定して変えていかなければ、大きな成長を期待することは難しいでしょう。

人は、安定志向に陥りやすいものです。不調なときは、状況を変えるために失敗してもいいからやってみよう、と現状否定に目が向きやすいのですが、好調なときは現状肯定になりがちです。

一見すると好調に見えることでも、そこには重要な問題が隠れていることがあります。問題と認識していても、目の前の仕事や事業がうまくいっているときは、その問題を解決するために動くよりも、好調を維持する、もしくは伸ばすための努力にとどまり、問題には目をつぶってしまうのです。

しかしそのような心持ちでは、今以上の成長の原動力を生み出すことはできません。油断が生じ、怠け心を芽生えさせることになり、やがてその人は進化しなくなっていくのです。

人材の成長なくして企業の成長は実現しません。何かひとつの事業で成功をおさめ、急速成長して大手企業になったものの、進化がストップして一挙に衰退し始める企業が多いのはそのためです。

順調に見えているときこそ、未来から逆算して課題を発見し、取り組んでいくことが大切です。

現在の方法に固執せず、より良い方法を学び、模索し、変えて、未来に向かって進んでいく、それがニトリの「現状否定」です。

たとえばニトリでは、ヒット商品が生まれても、そのまま同じ仕様のものをずっと作り続けていくことはありえません。もっと良い品質・より低い価格を実現できないかと研究し続けるのです。

当然、それを実現することは簡単ではありません。しかし、すぐにはたどり着けなかったとしても、必ず今よりさらに価値のある商品が生み出せます。

どれだけ現状の不合理を見つけられるか、それが成長につながる

（商品部　J・S／1998年新卒入社）

私は2015年、40歳のときから約3年間、店舗運営部のゼネラルマネジャーを務めていました。長年親しんだニトリの企業文化のなかで、私が特に意識していることは「現状否定」です。

前任者がやってきたことを進化させることが仕事であり、現状維持はありえないという考え方は、私のなかに強く根づいています。シンプルなようでこれは、非常に奥深いものです。はじめから深く理解し、実践するには至らなかったものの、今では現状否定の考え方は私のなかで当たり前になっています。

若手の方は、いきなり現状を否定しろと言われても、何を否定すべきかわからないかもしれません。現状否定は現状の不合理を見つけるところから始まります。

まず、その不合理に気がつくかどうかは、日々の仕事にいかに真摯に取り組む

かだと思います。似鳥会長は今でも店舗に行くと必ず、「困っていることはありますか？」と従業員に訊ねます。そこで「ありません」と答えることは、ニトリではありえないことです。なぜなら、問題意識を持ってお客様や従業員と接していれば、日々小さなことであっても必ず課題に気がつくはずです。困りごとがないということは、本当は多々存在する不合理を見過ごしていることに他なりません。そうした日々の意識の鈍化こそ問題です。

次に、気がついた不合理をいかに本質的なところまで掘り下げられるかが重要です。その能力は、もともとある才能ではなく、経験で磨かれていきます。それが足りないうちは、表面的な問題しか見えないことがあり、なかなか問題の本質発見には至りません。

私自身の経験では、自分で部下をもつことになった入社3年目ぐらいのときにはじめて、自分に見えている問題点が、まだ表面的なものであることに気がつきました。原因の掘り下げが不足しているがゆえに自分が出す指示がその場しのぎのものになってしまう。問題の本質を見つけられていないと実感しました。若いうちから問題点の発見と深掘りを繰り返すこと。その反復訓練によって本質的な課題を発見できる能力を身につけることが大切だと思います。

　私がゼネラルマネジャーになるとき、お店で働く従業員が楽しく有意義に働くことができる店づくりをするために、ラクに、簡単に、速く仕事をするには何が必要かをまず考えました。そうすれば従業員はお客様にまた来てほしいと心から想えるはずです。

　当時、全店で年間１億３０００万人以上の入店客があり、商品が売れれば、そのぶん入荷するシステム運用のため、商品管理には専用のハンディ端末を導入していました。その時点では、その端末もシンプルでわかりやすく便利なものでした。しかし世の中がデジタルへの変革に向けて進化を続ける今、未来対策としてその進化に対応できる新しいシステムに乗り換える必要があると考えました。

　使用していたハンディ端末はハードディスクとソフトウェアが一体となっているため、不足する機能のアップデートや修正を行なうにもコストや手間がかかる。それをアプリケーションのリニューアルによって随時自動更新できるシステムにしたいとトップに提案し、スマートフォン操作の専用アプリの開発を社内でスタートさせました。

まず、導入事例となる他社のサンプリング調査を実施しました。次に店舗で働く若手社員から抜擢したタスクフォースを作り、現場の課題など、約６００の情報をカテゴライズし、優先順位の高いものから搭載することにしました。２０１７年の５月に開発を始め、２０１８年に実装しています。

アプリ内では店舗ごとの売場マップが示され、どの棚にどんな商品があるかがわかります。そうすることで、今までは習熟度によって従業員の作業効率に差が出やすかった品出しの作業が、入社初日の人でも完全にできるようになりました。この情報は、お客様用のスマートフォンアプリでも検索することができ、従業員だけでなくお客様の利便性も高めています。

また、その日に出勤している従業員の出勤管理や稼働計画も見ることができるので、誰が今どこで何の作業をしているのか、すぐに確認することができ、店舗のオペレーションがより円滑になりました。

機能の改善や追加の要望があればアプリを更新し、どんどん使いやすいものに変えていく。着任当初に考えた、仕事がラクに、簡単に、速く、そして従業員の笑顔が増えるような店づくりに近づけるために、私が行なった現状否定から始まった改善改革の一例です。

　現状を否定するときには、自分の成功体験を否定する場合もあります。会長の話にもあるとおり、ニトリでは売れている商品でも、品質、機能を向上させるために入れ替えます。

　売れているときに入れ替えてしまうのは抵抗があるかもしれません。私は今商品部にいるのですが、売れている商品というのはあっという間に、他社も似た商品を販売するようになるものです。同じものを売り続けていては、すぐに追い抜かれてしまいます。だからこそ、売れる商品ほど、むしろ他の商品よりも早く進化させたものに入れ替える必要があるのです。

　新しいサンプルを製作したら、それが既存の商品よりも格段に良い商品になったり、原価の改善によって値段を安くできるようになったりする。これは非常に理に適っていると思いますし、今は実務で日々行なっていることです。

　大なり小なり会社から要求される課題は常に現状否定を前提にしたものです。それを実践で繰り返し行なう習慣があるからこそ、スピード感ある意思決定と行動ができるようになったと、自分の成長を実感しています。

「観察・分析・判断」をする力を磨き上げる

ビジョンを達成するというと、日々行なう業務とは違った何か特別な方法があって、それさえできればたちまち達成できると錯覚している人がいますが、それは間違いです。ビジョンから逆算し、一日一日、「観察・分析・判断」を意識してその日に行なうべき業務に取り組む。それを継続的に徹底できるかどうかなのです。

「観察」とは、問題点を発見することです。日々の業務から問題点を見つけ出し、数値と定量的な判断基準で問題であることを明らかにします。たとえば、一人当たりのお客様が一度の買い物で購入する商品の数を示す、「一人当たり買上品目数」が平均で3だとして、店別で見ていくと、2～4と数値に差異が生じていることがあります。

こうした差が出る要因が何であるか、店舗ごとに比較し、少ないまたは多い店の共通の条件を一つずつ確定することで、何が問題かを明らかにします。

次いで「分析」とは、観察で発見した問題点について、「なぜそうなのか?」と疑問を重ねていくことで、まず問題の原因となった事実を推定することです。そしてその推定について、机上の空論ではなく実情を現場に立ち入って確かめ、どの部分が因果関係における〝因〟なのかを、調べ上げることで事実を確定します。

この観察と分析を正しく行なうことで、「誰が、いつまでに、どうするのか」具体的で正しい「判断」、つまり改善改革案を立てることができるようになります。一度でも多く現場に足を運び、現物を見て、触れて判断を下す。この基本を忘れてはなりません。

ただ漫然と業務をこなし、同じ行動に飽きたからといってやみくもにやり方を変えるのでは、ビジョンを達成できるわけがありません。日々、自分で問題を発見し、あらゆるプロセスをコツコツと工夫して改善改革していく。これが当たり前にできるようになることが大切です。この行動を繰り返すたびに問題点を発見する観察眼は磨かれます。
これは、能力の問題ではなく、誰にでもできることです。飛び抜けた才能がなくても、意識して行動すれば、より大きな数字の変化、成果を生み出せるようになります。人の能力の差というのは、せいぜい2、3倍くらいの違いしかありません。しかし、日常行動をこのように着実に積み重ねることで、成果は何十倍にも開きが出るのです。

こうした観察・分析・判断という3つの行動のクセをつけさせるため、ニトリでは毎週、品目や部門、店舗ごとに客数や利益を数値化して集計し、数値向上のための新たな対策を講ずる「ウィークリー・マネジメント」を導入しています。

一般の会社では、月ごとにマネジメントするのが通常ですが、月ごとの場合、何か問題が発生した際の原因の特定に時間がかかり、早くて翌月、遅い場合は翌々月に対応することになり、処理が後手、後手になってしまいます。その点、週ごとに細かく数値を見ていけば、問題の早期発見につながるだけでなく、次の週にはもう対策を打てるわけです。

たとえば、特別に売れている品目なら、翌週すぐに追加発注をかけて欠品を防ぐことも、逆に在庫過剰のものは、即座に生産数を減らしたり、値下げをして売れやすくすることも可能になります。つまりは、業務改善をスピーディに遂行できるのです。

人員の配置に関しても同様のことがいえます。ニトリでは本部の各部署や店舗の社員数も、四半期ごとに見直しているのです。

ほとんどの企業は一度人員配置を決めたら、なかなか減らしたり増やしたりはしません。そうすると実際にはやらなくていい仕事を自分で無理やり作って、仕事をしているフリをしていることが多い。これはムダ以外のなにものでもありません。人ありきで仕事を作るのではなく、仕事ありきで適正な人員を配置する。スピーディにそれを実行すれば、人件費も大きく減らせるはずです。こうしたムダな経費の削減も、商品の価格を適正に保つ、数ある取り組みのひとつです。

観察・分析・判断を行なうとき、問題となっている事象を続けることが前提になりがちです。観察するときは、まずその事象が本当に続けるべきなのか、一度考える必要があります。全部とはいかなくても、何十%かやめることができるなら、残った続ける部分について、また観分判を行なえばいいのです。それが一番の業務改善になります。

「観分判」は仕事の進め方の基本

（商品部　I・K／1997年新卒入社）

ニトリでは「観分判」（観察・分析・判断）という言葉をよく使います。

私が、商品部のマーチャンダイザーだったときの「観分判」の例をお話しします。マーチャンダイザーとは、市場調査から原材料調達、工場選定や品質管理など、お客様に必要とされる商品を開発するためのさまざまな工程を推進する役割を担っています。

当時、寝装品を担当していて、物流センターに出荷時の商品の状態を確認しにいくと、掛布団カバーやシーツなどのカバーリングという商品が、出荷や管理に非常に手間がかかってしまっているという問題に気づきました。その原因は、シングル、ダブルといったサイズによって、一つひとつのパッケージの大きさも、出荷時に入れる箱の大きさもまちまちだったことが原因でした。そのため、数量を確認するためには、わざわざ箱から出さなければならないうえに、箱を積み重ねるにも大きさが違うので、崩れないようにいちいち考えて作業しなければならない状態でした。

　こうした観察と分析から、ひとつの柄で10種類の商品があり、パッケージも箱の大きさもバラバラだった商品の畳み方を見直し、箱を２つのサイズに統一するという判断をしました。サイズの違いがあるため、商品そのものの大きさに差は出てしまうものの、同じ大きさの箱に入るように入り数や畳み方を変える、まくらカバーのように小さなパッケージは、２つ並べたら大きいパッケージと同じ大きさになるようにするなどの標準化です。このように変えることで、作業効率は改善されましたし、実はもう一つの狙いとしていた、積載効率も改善することができました。

　ニトリは海外で作った自社製品を自社の物流システムで輸送しているからこそ、コンテナのなかに商品を１００箱入れられるのか３００箱入れられるのかで、物流コストに大きな差が発生します。つまり、箱のサイズを揃えたことで、積載効率が飛躍的に向上したのです。

　私は現在38歳で、商品部のカテゴリーマネジャーをしています。業務のなかでは、「週報」を作成し、出した結論に対してすぐに実行に移すことが重要になっています。これも「観分判」です。日曜までに出てきた数表を月曜の午前中に見て、まずは先週の商品ごとの売れ行きを見ます（観察）。私のチームでは季節商品を多く扱っているので、気象庁の天気データなども取り込み、あらゆる数字や分析したトピックスをもとに関連メンバーとミーティングを行ない、本部のすぐ下にある赤羽店の売場で実際に確認し（分析）、週報という形にまとめて今週の方向性を決めるのです（判断）。その内容は当週にすぐに実行していきます。こうした週報は各店の店長であれば店長週報という形で必ず書きますし、各担当者も自分の業務のなかで問題点を見つけて書いています。

「観分判」については研修が行なわれ、若いうちから現場で繰り返し実行しているので、数字から論理的に仕事を分析して解決策を見いだすという考え方が完全に染みついています。

　会社のスローガンに「今やろう、すぐやろう、できるまでやろう」というものがあります。これは、単なる思いつきでやるのではなく、数字やデータを見て、現場・現物で確認する「観分判」のフィルターを通したうえでチャレンジしようということです。どんな部署、職位であっても、お客様のことを考えて今より良い状態へと改善改革を繰り返しています。

「観分判」で経費削減を突き詰め、生産性を上げる

（総務部　M・I／2000年新卒入社）

総務部はかつて、自分にとって「未知の部署」でした。「トップマネジメントとの関わりが多い」「業務の内容が、店舗や商品に関わる部署の業務とまったく違う」というのが理由です。これまで店舗と業務システム室という、店舗業務の改善改革を行なう、店舗寄りの部署に配属されてきたこともあり、着任当初は周囲の方からも、「似合わない」「何をしているのかイメージが湧かない」とよく言われていました。

そんな状態でスタートした業務の一つが「電気料金」の削減でした。理科や科学のことはまったく詳しくないので、「電気料金」と聞いたときには正直ポジティブな思考になれず、「何をどれくらい使用したら、どれくらい電気が使われて、何円かかって……これは自分には無理だ」と思いながら、まずは引き継いだ資料

や取引先との話から現状を把握していきました。

手探りながらも、この経費削減に取り組むにあたり、まず自分のなかで第一段階の目標を設定しました。それは「８％から10％への消費税増税にともない、通常であれば支出として増えざるをえない２％ぶんを削減する」ことです。

観察を深めていくと、次のような問題点が浮かび上がってきました。

全国にある２０５拠点に関して、拠点ごとに別々の電力会社と契約を結んでおり、その数が18社にも及んでいたのです。同じ関西のエリアの拠点でも、別々の電力会社と契約している。一つひとつの契約は取引先が提示した条件にもとづくもので、内容はバラバラでした。「新規契約と2年目以降の契約継続では値段が違う（安くなる）」「基本料金が使用料によって変動する（高止まりする）」など、なぜそうなっているのか釈然としない部分がありました。

「拠点ごとではなくエリアごとの契約にまとめたい」「新規契約でも既存の料金と同額にする、または使用量に応じた額にする」「契約変更による各拠点への負担をなくす」といった、こちらの要望を通すには、取引先にとっても有利になる条件設定が必要です。たとえば18社との契約が9社になれば、各企業の取引額は単純に倍になる。1社1社と話をし、最終的には今回の変更に同意してくれた12社によるコンペを実施しました。

電力自由化により競争が激しくなっていたこともあり、結果として、それまでの電気料金のおよそ2割、自分で立てた削減目標と比べると8倍の電気料金を削減することができ、社内で表彰もしていただきました。

ただ、自分としては道半ばで、できることはまだまだあると思っています。最終的には、経費削減だけでなく、災害時に不足電力を補えるリスク対策などにも取り組みたいと考えています。

私が「観分判」を行なううえで、ひとつ視点としてもっといいと感じているのは、判断として出てきた改善改革が「続けられるか」「やめられるか」ということです。

「続けられるか」は、変えたことが定着し、その後は説明などしなくとも当たり前に運用されるような改善改革か、ということです。

「やめられるか」は、どんなに効果がある改善改革でも、環境の変化によってやめる必要が発生したときに、どのような手順でどの程度の費用でやめることができるか、そのやめどきはいつごろと想定できるか、ということが考えられていることです。

この2点まで考えられている観分判は、実はニトリでもできている人は少ないのではないでしょうか。特に「やめられるか」という視点は、私も日々の観分判で意識するよう努めているものの、非常に難しいです。

店舗担当のころから、私にとっては変えることが喜びです。そしてどのみち変えるのであれば、自分たちだけでなく、取引先やお客様にも喜んでもらえるような改善改革ができればと心がけています。

「現場・現物・現実」三現主義を徹底する

ヒット商品を企画できる人には共通点があります。日頃から人々の暮らしや、国内外の小売業や飲食業の店舗を頻繁に観察し、そこで発見した問題点やヒントを商品開発に活かしていく。こういうことを大切にして地道に行動できる人です。

絶えずいろいろな場所に出かけて「現場・現物・現実」を自分の目で見て、体験して情報収集を行なう、三現主義を徹底することです。二次情報であるインターネットをいくら調べたところで、暮らしの実体は見えにくいものです。

また、どれだけ入念な調査を行なってデータを集めたとしても、机上において論じ合っているだけでは価値を生みません。間違った判断を下すリスクが高まります。

実際に商売が行なわれている現場を自分の目で見て、現物を手に取り、現実を詳細に確認することではじめて、お客様のニーズに応える発想が可能になります。

これは問題解決においてもいえることです。

何が問題で、何が解決すべき課題であるかを知るためには、数字を見て頭のなかだけで考えるのではなく、実際に現場に赴いて現物、現実にもとづいて現状の改善改革案を出すのです。そうでなければ本当の問題解決はできません。新しいものを作り出す、新しい問題解決の方法を見つけるには、結局は自分の経験してきたことのなかから導き出すしかないと私は思います。

ニトリには全国に広がる店舗網という強みがあります。たとえば、今何が一番売れているかは本部でも把握できますが、「なぜ」売れているのかは、数表には表れません。しかし、その「なぜ」にこそ、お客様のニーズや不平・不満・不便さが隠されています。

三現主義によって導き出される改善改革は、データと店舗なくして実行できません。だからこそ店舗は多くを学べるニトリのビジネスの根幹なのです。

数字を素直に見ることで、正しい判断ができるようになる

（海外販売事業　B・H／1996年新卒入社）

私は44歳のとき（2017年）に、ニトリホールディングスのグループ会社で、台湾のニトリを運営する「宜得利家居股份有限公司」の董事長（会長）兼総経理（社長）になり、2年8か月勤務しました。

さまざまな仕事を進めるうえで、私が大切だと肝に銘じているのが、数字を素直に見て判断することです。ただ見ることなら誰にでもできますが、この「素直に」ということが、なかなか難しいと思っています。というのも、私たちはすべてのことに対して先入観をもっているからです。

数字は、切り取り方によって得られる結果が変わってしまうような一面があります。思い入れや先入観によって、気づかないうちに数字の見方に偏りが発生したり、思惑が反映されたりしないよう、「誰が見てもそうなる」ように、素直に

数字を見るのです。

そして、そこから考えた仮説をもって「現場・現物・現実」で検証します。海外で働いてきた経験上、こうした数字を素直に見て判断を出していくプロセスは、国内外かかわらず、立場にも関係なく、コミュニケーションをするうえで重要になります。

台湾の店舗は、私が着任した当時、店舗の老朽化という問題がありました。会社として収益を出さなければならない状況で、大きなコストのかかる改装はしづらい環境でしたが、まずは１店舗、一番売上が大きい店舗の改装を行ない、既存店売上高増加率が向上することを証明することで、改装するメリットを会社にアピールし、次の改装へつなげていきました。

また、日本のニトリは約１５００坪や２０００坪の大型店が多いですが、台湾は３００坪くらいの小型店が大半で、日本の７分の１から５分の１の広さしかありません。当時の台湾の店舗では、日本と同様に、８割のお客様が欲しいと思う需要の高い品種とそうでない品種を幅広く取り扱っていました。しかし３００坪の狭い店舗のため、置ける商品の数は限られてきます。結果として、１分類ごとの品揃えが乏しくなり、本当に必要な商品を十分に取り揃えられていませんでした。

そこで「多くのお客様が欲しいと思う、売れ筋の品種だけに絞って品揃えを強化し、それ以外は取り扱いをやめる」という方針を示しました。取り扱う品種を縮小するぶん、扱う品種の商品に関しては、まずニトリに買いに行こうとお客様に思っていただけるような、競合店にも負けない豊富な品揃えにするように強化するということです。

大量の商品の入れ替えが必要なため、数字を根拠に、優先順位をつけて進めていきました。個々の商品にはそれぞれ担当者の想いがあり、自分の商品の取り扱いを中止されるのには抵抗があったと思います。商品部にいた経験からも、そうした気持ちはよくわかりました。しかしそんなときこそ、先入観をもたず、数字を素直に見て正しく判断することが業績の向上につながるのです。

数字から導いた仮説をもって現場に行って、整合性があるかどうか確かめる。これによって、売れている商品と売れていない商品の違い、その理由を発見でき、入れ替えるべき商品であるかどうかが見えてくるのです。必要なら競合店にも行き、自社と他社それぞれの特徴、強みを整理する。このプロセスを実際に1品種ずつ取り組んでいきました。

台湾の現場にはニトリ流の「まずやってみる」が浸透しており、方針を示すと従業員たちはすぐに新しいスタート地点に着いてくれました。走りながらやってみよう、うまくいかなかったら元に戻せばいいという姿勢で、半年ごとに品揃えの大幅な見直しと入れ替えを行ない、今でも継続的に実施しています。この入れ替えによって、台湾の２０１９年度の売上高は2桁成長を達成することができました。

私のこのような発想は、商品部と店舗運営部を経験したからこそ得られたもので、異動によって幅広い業務を経験できるニトリ独自の教育制度の成果だと思っています。数字は大切ですが、それだけでは本当の問題点が見えないことが多いので、数字をもとに仮説を立て、「現場・現物・現実」の三現主義で検証し、「もしかしてこうなのではないか」という方向性が見えたとき、問題の大部分が解決します。後は実験を繰り返して進むのみです。

ニトリは日本だけでなく、世界の暮らしを豊かにすることを目指している企業です。今後、さらに海外で活躍する人材も増えていくでしょう。そこでも、忘れてはならないのは三現主義の実践です。今は、海外赴任中でも日本と同じライフスタイルで暮らしたいと思えばできてしまいます。しかしそれでは、現地の「普通の暮らし」がわかりません。現地ならではの普通の暮らしをしてみることではじめて、なぜその商品が売れるのかということや、ニトリの商品への満足度がわかるようになります。

私自身、台湾へはまず単身で赴任し、その後で家族を呼びましたが、家族で住んでからのほうが、より現地の暮らしへの理解が深まりました。たとえば、台湾ではフルーツは値段が安いので大衆の日常食です。そのためフルーツを刺す小さなフォークが必需品です。新生活が始まる時期には小さな果物ナイフがよく売れます。また、住まいは収納スペースが少なく、玄関ドアを開けるとすぐにリビングルーム、という伝統的な家屋も多いため、現代の生活に合うような衣類や靴用の収納家具の需要が高いのです。このように、地域ならではの売れ筋商品があることは住民の暮らしぶりを観察することで知ることができました。

数字を見ているだけでは、なぜ売れているかという理由まではわかりません。これから海外出店をますます加速させるなか、海外でも三現主義を大切にすることで、お客様のニーズを推測し、現地のお客様により役立つ、新たな改善改革が行なえると思っています。

問題解決には、全体把握と多面的視点が欠かせない

日頃から観分判を意識して仕事をしていると、さまざまな問題に気づきます。その問題を解決しようとするとき、表面的なすぐにできる対策は誰にでも思いつきます。それを実行するのが「改善」です。しかしそれだけでは、本当の問題解決にはなりません。同じような問題が、姿を変えてまた出てくるからです。本当の問題解決には、表面ではなく物事の根本を見て、対策を打たなくてはなりません。それが「改革」です。

しかし、物事の根本を見つけるのは非常に難しいのです。見つけ出すためには2つのポイントがあります。まず1つめは、全体を正しく把握することです。よく「木を見て森を見ず」といいます。目の前に大きな木があるとき、9割の人は、その全体の姿で

はなく枝や葉っぱばかりを見ています。残り1割の人も、木は目に入っていても、その周りの森までは見えていない人がほとんどです。ですから、木を見て、「こんな森にしたい」と考え、1本1本、計画的に木を植えていく人は、かなり能力が高いといえます。

しかし世の中にはさらに、森ではなく山の姿を見て、「こんな山にしたい。それにはどこに森を置けばいいのだろう」と考える人もいます。木ではなく森を作ろうとする人は10人に1人。山を作ろうとする人は、１００人に1人です。しかし、そういう考え方、つまりグランドデザインができなければ、革新的なことはできません。

もう1つは、物事を多面的に見ることです。多くの人は、自分が立っている場所からしか、ものを見ません。見るもの、考える対象が人であっても、物であっても、自分自身から視点を変えて、相手の立場、第三者の立場に立つことを意識しなければなりません。自分の視点と、同じ場所、同じ高さから見ている限り、見えるのは一面的な、平面の姿だけです。実際には世の中のものは平面ではなく、みな立体です。1つのコップを見るのでも、正面から見るのと、上から見るのと、下から見るのとでは、違う姿が見えてきます。

広い視野を養うことが、真に便利な全体最適のシステムを生む

（情報システム改革室　Ｏ・Ｈ／１９９４年中途入社）

私は入社２年後に情報システム改革室に配属され、それ以降ずっとシステム関係の業務に就いています。今は３００人以上が属する大所帯ですが、配属された当時の人員はたった４人、新設されたばかりの部署でした。

ニトリの「自前主義」の考え方にもとづき、システムも外注するのではなく自社で作ることを目指し、まずは店舗で行なっている業務をシステム化することを課題としてスタートし、みんなでマニュアル片手にプログラムを書いていました。私自身、パソコンには親しんでいたものの、専門の仕事を経験していたわけではなかったため、猛勉強して専門知識を蓄えたことを思い出します。はじめて自ら手がけたのは、店舗の勤務シフトの半自動化でした。

ＩＴ素人ばかりの組織でしたので常識的な限界がなく、「これはできない」という

判断すら当時はできませんでした。結果として「できるまでやる」ことになるのです。「できるまでやる」というと根性論のように受け取られているところがあると思いますが、それは違います。与えられた命題について、いつまでにどうやってできるようにするのか、ただひたすらに頑張るのではなく、ロジカルにできる方法を新たに学び、考え、それを数字で表現し、一つひとつの動作に分けて分析する。できるようにするための仕組みを順序立てて考え、作り上げることだと私は受け止めています。

実際に、数多くのシステム化を手がけてきましたが、非常に難しい案件であっても、ロジカルに言葉にして説明できることはシステム化もできる、ということを経験から学んできました。

システムを外注する企業が大多数のなか、外注せずに作り上げるからこそ、開発のスピードが速まります。たとえば、開発規模を表す指標として、ソースコードの行数の単位、〝ステップ〟が使われることがありますが、ニトリの現在のシステムは約１６００万ステップと、全国展開している他の小売業と比べても、数倍の規模となっています。また、システム化を必要とする現場の問題は、それを経験したことがある社員が一番よく知っていて仕組みが理解できているからこそ、ムダがなく、便利なシステムの開発ができる。この適確さとスピードによってローコストにシステム開発を進めることができたのです。

意外に思われるかもしれませんが、システム開発に必要なのはコミュニケーション能力です。今は影も形もない、これから作り上げるシステムを、どんな人が、どんなときに使うのか、どうすれば便利になるのか。それをイメージして、自分のなかでどのくらい鮮明に表現できるかということが重要で、そのためにはいろいろな人への聞き取りが不可欠です。

40代で、情報システム改革室の室長をしていたときは、自席にあまり居ないとよく言われていました。社内のさまざまな場所に顔を出していたのです。システムの周りには、お客様はもちろん、店舗、配送センターの従業員といった、いろいろな登場人物がいます。自分の情報に偏りがあると、結果として、ある立場の人にだけ使いやすいシステムが生まれてしまいかねません。

多種多様なモデルをイメージして、全員がラクにできて、結果は完全になるようなシステムを多面的に考えていかなければならないのです。全体像をとらえ、多面的な視野をもつことではじめて全体最適が実現していくと思っています。

「なぜ」を繰り返せば、チャンスが大きく広がる

私は社員たちに「なぜ」を繰り返せと言い聞かせてきました。それは、「なぜ」の問いかけを習慣にし、常にお客様に関心をもち、想像力を働かせて仕事をせよ、ということです。

トラブルに直面したとき、「ここが問題ではないか？」と疑問を抱いたとしても、「なぜそれが起きたのか？」の突き詰めができないと、おおよその原因を洗い出すことにとどまり、再発防止のために排除すべき真因にはたどり着けません。

「なぜ」と考える力を鍛えることが根本的な原因を見つけ出す近道なのです。

また、「なぜ」を繰り返すのは、「常識を疑ってかかる」ということでもあります。

高い目標に挑戦するのを妨げる最大の敵が常識です。現状を疑い、常識にとらわれないで物事を考える習慣をもつようにしなければなりません。

一つの業界、一つの会社のなかに長くいると、いつの間にか、「そんなことはできない」「そんな商品は売れない」などと、今を良しとする線引きをして、あらゆる可能性を封じ込めてしまいがちです。しかしそれは、自分の思い込みで勝手に線引きをしているにすぎません。その結果、お客様にとって本当に価値のある商品やサービスの提供ができなかったりするのです。

つまり、常識を疑った先には、ビジネスチャンスがあるということです。

まずは常識にとらわれないでやってみる。その結果、失敗したとしたら、失敗の原因を追求して次回はそれが発生しないように、前とは異なるやり方を学び、考え、実行に移す。失敗の原因を取り除けばいいだけです。

このサイクルができるのであれば、何回でも挑戦して、そのぶん失敗してもいいと思います。やらないで後悔するより挑戦して後悔するほうが楽しいですし、何より挑戦の数だけ人は必ず成長します。

根拠ある判断をするには、7回の「なぜ?」が必要

(商品部　K・Y／2000年新卒入社)

私が40歳で、中国でマーチャンダイザーだったとき、あるファブリックの商品が、洗うと色落ちしてしまう、というお客様からの苦情が寄せられました。色落ちしないことは当然、販売前の品質検査で確認していますし、他に同じように色落ちした例はありませんでした。そこで、品質検査とは別に、実際にご家庭でその商品を使うときや洗うときのさまざまな状況をシミュレーションし、色落ちの原因を調査していきました。

色落ちしないはずなのに、どういう方法で洗うと色落ちしてしまうのか。水なのか、お湯なのか。洗濯機なのか、手洗いなのか。また、使うときに付着する可能性が高い成分は何か。実験していくと、油に弱いということがわかりました。どのようなときに油に接触するのかを調べていくと、家庭で手洗いをするときに

食器用の洗剤で洗うお客様がいて、食器用洗剤に入っている成分が色落ちの原因だということを突き止めました。

原因が判明した後の解決方法を探す段階でも、「なぜ？」の問いかけは重要です。商品の特性上、変えてもいい要件とそうでない要件は何か、深掘りしていきます。

触り心地に特徴のある商品のため、触感は変えられない。価格も高くなってしまえば買っていただけなくなりますからそのままで。この問題を解決しようと素材や染色剤などを変えて試行錯誤を繰り返していきました。結果、染色剤と生地を変えることで、色落ちしなくなりました。売れていればいいと品質不完全のままにするのではなく、どうして色落ちするのか、お客様の生活の実態に想像力を働かせてみることで、1年間かかりましたが、商品を改良することができました。

ニトリではよく「なぜ？」を7回繰り返せ、と言います。原因にはそのまた原因があるからです。この回数は、真実を正しく見るために少なくとも必要な数なのだと思います。

うまくいかなければ、「方向、方法、手順」の順で検証する

仕事の進め方で大切なのは、目標を決め、その目標に対して、方向、方法、手順を決めてそのとおりに行動していくことです。

途中で何か問題が起きたときには、まず、「方向」が正しいかどうかを検討します。方向が間違っていたら、それを正さなくてはいけません。お客様の利益に適う方向を向いているか、自分や会社ばかりに都合のいい考えになっていないかを検証するのです。

小売業やサービス業であれば、「お客様の立場に立つ」ことを社是や社訓にしている会社は多いでしょう。にもかかわらず、お客様のことを考えず自分や会社の都合で決めてしまっていることは多いのです。その点を自問してみるべきです。

次に「方法」です。思うように仕事が進まない、効果が出ないというときは、今のやり方の効果検証を繰り返し、最も効率の良い方法を見つけ出します。

さらに、最善と思われる方法を試してみてもうまくいかない場合は、「手順」を検証します。たとえば商品開発が思うように進まないのであれば、事前に十分な調査と実験ができていないことが多いのです。

方向、方法、手順、この順番が重要です。

いくら仕事をしても、それ以前に進む道の選択が誤っていては、せっかくの努力も水の泡になってしまいます。たとえ失敗しても、方法、手順は後からいくらでも修正できますが、そもそも間違った方向に向かってしまっては、本来得られるはずの成果にはつながりません。

失敗を繰り返しながら、〝普通〟の感覚を磨いていく

（商品部　A・H／1987年新卒入社）

私は2002年から主に商品部で勤務しています。50歳になった2015年からはニトリが取り扱う家具の総責任者を任っています。

似鳥会長は今でも商品開発に携わっています。月に1回は海外の工場に一緒に行って開発中の商品のサンプルをチェックします。足りないところがあって叱られることもしばしばですが、家具のことで何か聞きたいことがあれば必ず私に聞いてくれます。ある商品について売れるか否か聞かれるときも、「売れないと思います」と言うと、「じゃあ、やめようか」と言いますし、「絶対売れます」と言えば、「じゃあ、やろう」と言ってくれたり、家具に関しては私が蓄積した経験値を信用してくれていると思います。

長く会長の下で仕事をするなかで、商品開発に不可欠な要素に気づきました。

それは、〝普通〟の感覚をもつことです。これこそ「方向・方法・手順」の「方向」に当たる部分が間違っていないか、ニトリがターゲットとする日本の8割の普通のお客様にとって買いやすく使いやすい商品なのか、その判断軸になるからです。

若い担当者から、「こんな商品を作りたい」と提案を受けるとき、売れないと思っても「やってみたら?」とチャレンジさせることがあります。若いうちは商品開発に欠かせない押さえるべきポイントがまだわかっていません。自分が良いと思った商品が、実際、お客様にどう受け取られるのか、勉強してほしいと思っています。

価格とデザイン、機能のバランスはとれているのか、それを見極めるために必要な市場調査は十分に行なったのか、商品化すればその結果は表面化します。たとえ失敗しても、その原因を追求することで〝普通〟の感覚の大切さを実感できるのです。

私が担当した商品開発で一番印象に残っているのは「NITORI STUDIO」のマットレスです。「NITORI STUDIO」とは、自社工場で開発・製造した家具の品揃えブランドで、自社工場をもつ強みを活かし、原材料の選定、調達から、製造、品質検査までをすべて自社で行なっています。

マットレス等の敷く寝具に対して「硬いほうが体に良い」という考え方は日本だけです。出張や研修でアメリカのホテルに泊まってみると、柔らかいものが多く、驚くほど疲れがとれる経験をしたことがあります。もちろん個人差がありますが、人の理想の寝心地を追求した、今まで日本にはなかった柔らかいマットレスを開発しなければならないと、会長から命を受けました。

今まで販売していた1万９９００円の基本の商品に対して、価格はそのままに会長が目指す理想の寝心地を追求し、それまで年間数千本しか売れていなかったマットレスを10万本売れるマットレスにするという目標のもと、使用する素材、原材料、構造の見直し、サンプル作成を行ないました。

体のラインに合わせてフィットするよう一つひとつ独立して動くポケットコイルを採用し、体とマットレスの接触面積が大きいことで、体圧が分散されるような構造にしました。

すぐに会長からのＯＫは出ず、使うポケットコイルの線の細さや巻き数、使うウレタンの厚さを変え、何度も会長に寝て試してもらいました。最後は会長に自宅で使ってもらってようやく最終のＯＫを取りつけました。所要期間は3か月ほどでした。開発した２０１４年当時、13万本売れ、その後も品目を増やしたことで、年間１００万本を超えるヒット商品となりました。

会長は今までも、さまざまなヒット商品を生み出しています。それは「この方向でやる」という方針を打ち出して、「それをやるためにどうするかを、あなたたちで考えなさい」と信頼して任せてくれる。その後、開発の各段階ごとに自ら品質テストを繰り返し、完全になるまでやり直しをさせる。そのあきらめない姿勢と、決めた方針が真っ直ぐお客様のほうを向いているブレない方向性が、ヒット商品を生み出しているのだと思います。

困難から逃げない人だけが、成長し続ける

仕事をするうえで壁にぶつかることは、必ずあります。逆境というのは避けて通れないものです。大切なことは、それをどういうふうに受け止めて反省につなげるかということなのです。経験にも授業料は必要です。

苦しいことがあれば、その状況から逃げたいと思うのが人間です。そのまま背中を向けるのか、それとも、真正面から受け止めて、克服する方法を考えるのか、ここに人間として成長できるかどうかの分かれ目があると私は思います。困難を乗り越える探究心のない人に、成功のチャンスはありません。

ニトリのそれほど長くない歴史のなかでも、壁にぶつかったことは多々ありました。

今から15年前の２００５年のニトリには、コールセンターもなく、品質管理部門はあったものの、できあがった製品をＪＩＳ（日本工業規格）に則って検査する検品作業がメインで、商品に関するお客様からの問い合わせには、各店舗の店長がそれぞれに対応しており、クレームが持ち込まれるたび、てんやわんやの大騒動でした。

品質改善への取り組みも行なっていたものの、検品作業と不良品が発生した際に工場へ改善の指示をする、製造後の対策が中心であったため、思うような成果は得られていませんでした。

お客様に安心して使っていただける、ニトリが目指す製品安全を実現するには、もっと抜本的に、全般的に品質管理を見直す必要がある。そこで、自動車製造業の本田技研工業で、中国現地社長を7年経験した杉山清氏を専務取締役に迎え、「品質業務改革室」を立ち上げました。製造業の品質管理手法を導入し、製造工程管理を徹底的に見直したのです。安心・安全で、そもそも不良品が発生しないような仕組みづくりに本格的に取り組み始めました。

しかし２００７年、大きな事件が起きてしまいます。取引先のメーカーから仕入れていた土鍋から有害物質が検出されたのです。

検品作業として行なっているＪＩＳ規格には適合しており、原因の追求に奔走するも、当時のニトリの品質管理では原因をすぐに特定することができず、焼成の仕方が甘かったという原因がようやくわかったのは、有害物質が検出されてから１か月後のことでした。

この問題を解決するために決断した応急処置は、即座に自主回収を行なうこと。その数は約９８００個に及びました。初めて体験する大規模リコールでしたが、この事件が、品質管理の重要さを再認識させてくれるきっかけとなり、製品安全への取り組みを格段にスピードアップさせました。

有事の際には速やかに商品の回収を決められるような仕組みと、消費者への連絡体制を整備し、社内と取引先、双方で生産工程から品質を検証できるような仕組みづくりと教育を強化していきました。

そして２０１６年、ついに全社をあげた製品安全への取り組みが評価され、製品安全対策優良企業表彰において国内ナンバー１にあたる「経済産業大臣賞」を受賞することができました。ようやくここまできたと深い感慨に浸ったものです。

この賞は、製品安全に積極的に取り組んでいる製造事業者、輸入事業者、小売販売事業者をそれぞれ広く公募し、厳正な審査のうえで毎年表彰を行なうものです。２００８年から５回目のチャレンジでした。

「経済産業大臣賞」受賞後もさらなる品質への全社的な取り組みを進め、翌年の応募はできないため、２０１８年に再度応募し、２０１６年に続き日本初の２連続受賞を達成しました。

やはり、どんな試練も逃げずに正面から挑むことこそ、マイナスをプラスに変える力になる。私はそう思うのです。

製造する商品に対して思想を隅々に浸透させる

（品質業務改革室　N・F／1981年新卒入社）

私は店舗、商品部を経て、47歳のとき（2005年）に商品部の品質管理マネジャーに着任しました。当時は、入荷してくる商品の検査結果に対する工場への改善指示や、店舗から申請がくる不良があった商品の廃棄処理データの承認などを行なっていました。しかし部下はおらず、組織として品質に取り組む体制にはなっていませんでした。

その後、品質統括責任者として、本田技研工業の製造責任者としてのキャリアがある杉山専務を迎えたことから、本格的にニトリの品質管理の仕組みを作り上げていきました。当初は杉山さんを含めて4人のメンバーでのスタートでした。その後、私のように、各部署のなかに存在していた品質管理部門を一本化し、そのなかで私は家具部門の品質改善を担当することになりました。

当時ニトリは、海外直輸入比率が70%と、商品の販売だけでなく、製造、物流も自社で行なう体制がすでにできていました。しかし、品質管理体制のほうはまだ不十分で、お客様から商品に対するご意見をいただいても、それをフィードバックしてより良い商品づくりに活かせる仕組みがない。メーカー育ちの杉山さんはそこに大きなショックを受けたといいます。新設部署ではまず、教育制度と資格制度の導入により、品質を検証できる人材を確保することと、製品安全を源流から変えるための仕組みづくりに注力していきました。

大前提として、製造する商品に対して思想を隅々にまで浸透させることが重要でした。杉山さんがニトリに根づかせたかったのは、原材料からお客様が実際に使うところまで、デザインや機能はもちろん、生産工程も最も効率的になるようなものづくりをする、という思想でした。

一般的に「品質を追求するほどコストがかかり、最終的な利益が下がってしまうのではないか」という意見があります。しかし、ニトリで製造販売する商品の9割はプライベートブランド、自社で開発している商品です。思想ありきで商品の設計を行ない、品質の追求と両立して、製造工程などあらゆるものづくりの過程においてムダ、ムラ、ムリをなくしていくと、まずコストを削減でき、さらに、後で不具合が見つかり、商品の廃棄や手間が発生するリスクも大幅に減ります。結果として、適切な品質と手ごろな値段は両立するのです。

「低価格商品を作る」という考え方だけで進めば、原材料の質を下げたり、製造工程を省いたり、手段を選ばず、になってしまいがちです。しかし杉山さんは、「安いものを作っているわけではない」といつも強調していました。「思想を浸透させて、作り方に無駄がなくなっていくと、商品は『結果として』高品質で安いものになる」と。私たちは、ここをきちんと理解し、常にこの思想を意識していかなければならないと思います。

　こうした思想を浸透させるとともに、具体的に品質のレベルを向上させるための改善改革として、杉山さん指導のもとホンダ流ＴＱＭ（総合的品質管理）を導入し、大きく４つの取り組みを実行しました。

　まずはじめに、社内外を問わずニトリの商品の製造工程に関わる人が、品質向上の実現方法を具体的な行動レベルで理解し、作業を標準化できるように「品質保証マニュアル」を作成しました。取引先の工場とも、このマニュアルにもとづいた契約を行ない、品質セミナーも実施しました。このマニュアルは、英語版、中国語版も作成され、自社工場だけでなく提携先工場の生産管理教育材料として重用されています。

そして次に、不良品の発生を防ぐために、「製品開発技術評価会」を開始しました。一般的な強度試験に加え、商品が使用される環境や状況を想定して、独自の厳しい品質基準に則り、機能検証や製品を分解しての構造検証、耐久性評価を行ない、問題があれば改善要求を生産工場に出して、合格するまでは商品化できない仕組みにしました。

3つめには、カスタマーサービスセンターを立ち上げました。それまで修理しか対応できなかった業務から、領域を拡大するための組織を作り上げたのです。さらに4つめとして、それまでに作り上げた組織の硬直化を避けるべく、会社全体の業務拡大に合わせて、毎年組織の改修を繰り返していきました。

それまでのやり方、考え方を変えるのはとても大変です。私は、社外から杉山さんが持ち込んだ仕組みをニトリ流の言葉に翻訳し、ニトリの企業文化に合うかたちでいかに浸透させていくか、苦慮しながら、この大きな改革を進めてきました。

私が長年一緒に働いてきて思う、杉山さんから学んだ点は、一度宣言したことをやり抜く姿勢です。最も印象的だったのは、先述したカスタマーサービスセンターの立ち上げを計画したときです。非常に大きな計画でしたが、ホンダ流の実行計画である「展開大日程」を作成してコスト試算をし、すべて概算で「数年後には大きな利益を生む」ことを会長に説明し、承認を得ました。それまで必要と思われていたのにできていなかった、修理体制、パーツセンター、廃棄削減といった仕組みをつくっていくのは、さまざまな関連部署からの反対もあり、非常に困難な計画でしたが、会長からの絶大なる信頼の下で、やりきりました。

　これらは、大きな視野でとらえ、見る力と、取るに足りない細かいことを気にしない判断と実行力、過去の実績とそれまでの経験がなせる業だったのだと思います。

　杉山さんがよく語ることに、基礎学力の大切さがあります。品質管理の仕事は、日々、学びです。自分たちの技術力、管理力が取引先以上のレベルでないと現場で説明できないだけでなく、納得して仕事をしてもらえません。

　現在のニトリは非常に幅広い商品を製造販売しており、原材料の種類が多いだけでなく、複数の素材を混合させた商品も増えてきました。ソファと電子機器の組み合わせで電動ソファ、木のテーブルでも脚にはスチールを使うなど、品質管理はより複雑になり、単体の知識、経験だけでは不足します。すそ野を広げて学ばなければなりません。

まず資料で学び、それだけでなく現場で確認します。たとえばセミナーに出る機会があったら、受け身で聞いているだけでなく、質問するなどして知識を自前化します。また、自分が詳しい分野のことが話題に上っているとき、「知っていることだ」と受け流してしまうのではなく、一緒に考えてみます。自分の手で試してみることも大切です。

仕事の幅は知識の広さとなり、仕事の深さは経験値を上げます。経験を重ねて納得し、自分のものにしていくことが大切なのです。

どんなに難しく、大きな壁ともなることに挑戦するとき、こうした知識・経験が自分を助けてくれる。それを続けてきたからこそ、ニトリの品質に大改革を起こすことができたのだと思います。

第2章

チャレンジ
Challenge

——前人未到なことに
挑戦していく

「即断・即決・即行」でなければ、成功はつかめない

新しい仕事、新しい計画には常に失敗がつきまとうものです。しかし、失敗を恐れていては、人が成長することはないでしょう。失敗を厭わず、とにかく挑戦することです。たとえ１勝９敗で負けのほうがはるかに多かったとしても、挑戦したことで得られた１勝は大きな収穫となります。

世の中が変化するスピードは今日では桁違いに速くなっていますから、せっかちでなければ、成功はつかめません。タイミングを逃してしまえば、どんなに優れたアイデアも紙くずになってしまいます。今がチャンスだと感じたら「即断・即決・即行」で挑戦するのです。そのためには市場の変化に対して高いアンテナを張り巡らせ、状況の変化を誰よりも素早くキャッチする必要があります。そして調査を行ない、即座

に対応を決めます。本来であれば、時間をかけ、１００％の準備をして進めるほうが良いのですが、そんなことをしていては、変化についていくことはできません。ですから、新しいアイデアの完成度は４割でも５割でもいい。大事なのは、方向を決め、計画を立て、進み始めること。「確実さ」より「速度」が大切な場合もあるのです。

決めたら即、行動に移します。誰よりも素早く取りかかるのです。もし、計画がうまく進まなければ、朝令暮改で変えます。私は、もっとスピーディに、「朝令昼改」でもいいと思います。必要に応じて変えることが大切です。

他が３か月かかることを１か月でやれば、市場で圧倒的な一番になれる可能性があるのです。他に先んじて挑戦することこそが、未来を拓くと私は思っています。

そう考えているから私は、社員に何か指示してもすぐにやろうとしないと怒り出してしまいます。「すみません、忙しいので１週間待っていただけますか」などと言い訳する人ほど、考えているだけで実は何も行動に移せていないものです。

経験とは年数ではありません。多くを考え、挑戦し、どれだけ失敗してきたかなのです。

考えるばかりで動かないより、まずやってみる

（商品部　Ａ・Ｙ／２００４年新卒入社）

２０１３年の２月、31歳のときに、私は組織開発室に着任し、すぐに、ダイバーシティ推進のプロジェクトを任されることになりました。ダイバーシティ（Diversity）とは多様性を意味する言葉で、近年は、企業が性別や人種、国籍、年齢などにおいて多様な人材を採用し、それぞれに得意な能力を発揮してもらえるような仕組みを整えて、競争力のアップにつなげるといったダイバーシティ経営が注目されています。

そのプロジェクトのメンバーは、私とサポート役の先輩社員の２人でした。会社として初めての取り組みで、方法を模索しながらのスタートでしたので、まず会社がどのような方向に向かおうとしていて、どんな成果を期待しているのか。似鳥会長の思いを理解するところから始めました。

私が入社した２００４年当時は、ほぼ9割の社員が男性でした。プロジェクト始動のときには、女性社員の人数は増えてきていましたが、まだ会社全体の女性社員の比率は男性社員に比べて少ない状態でした。

男女比に偏りはあっても、性別によって判断されるということがない点は、昔から変わらないニトリの良いところです。しかし、そもそもニトリに来店されるお客様の7割は女性であり、女性目線で生み出される商品やサービスがもっと必要だと会長は考えていました。

それに加えて、多様化し続ける社会において、社内でもダイバーシティへの意識を高めていくことが課題でした。

ビジネスパーソンの人生には、結婚、本人やパートナーの妊娠、出産によって、働き方を変えなければならないタイミングというものがあります。先に述べたように、ニトリは性別に関係なく皆が平等であるという良い企業文化がありますが、平等であるからこそ、ライフステージの変化によって、働き方も柔軟に変わっていくものだという認識が、まだ社内に広がっていませんでした。

そこで、初年度は女性の働き方に着目することとし、まずは社内でダイバーシティ推進委員会を発足し、会社が真剣に取り組む姿勢を社員に伝えるようにしました。この委員会は一年ごとに10名程度招集し、私の任期中3回編成し直しました。私の役割は、ざっくばらんに出し合ってもらった意見のなかから課題を明確にし、優先順位をつけて制度化するなど、実際に委員会の意見を形にしていくことでした。

たとえば、ライフイベントごとに利用できる会社の制度を『ライフイベントガイドブック』という一冊の冊子にまとめ、従業員に配布しました。どんな制度があって、どのように使えるのかを知ることで、漠然とした不安を解消し、先輩や上司もそうした制度を認識、理解してライフイベントを心から祝福できる。そんな環境を実現したかったのです。このガイドブックは、今でもリニューアルを繰り返しながら発行が続いていています。

ニトリには「考えすぎて動き出せないくらいなら、100%の状態でスタートするのではなく、まだ50%でもいいから走りだす。やって駄目だったら、またやり直せばいい」という企業文化があります。

即断・即決・即行で、実行しながらその技術を磨いていく、失敗したらやり直す。私はこの委員会での活動を通じて、自分のスキルが上がっていくことを実感しました。

なかでも、スケジュールの調整スキルについては、非常に鍛えられました。速いスピードで進めていくためには、ゴールから逆算しスケジュールを立てて進める必要があります。さらに進める過程でも、課題の追加や変更など、経営トップの発案によって、実行の優先順位や求められるスピードがさらに上がるので、それに対応しなければならないからです。

もちろん、トップの意見に異論、反論がある場合もあります。しかし、経営トップや上司からの命令に対して何もしないということはあってはならないので、まず実行してみて、その結果をもとに新しい提案を行ないます。そうしたことを繰り返すうちに、プレゼンテーション能力も磨かれたと思います。

やると決めたらすぐ行動、「速さ」が次のチャンスをもたらす

（商品部　K・M／2006年中途入社）

私は、少し特殊なかたちで中途採用で入社しています。前職はメーカーで商品開発をしていたのですが、職場の同僚だった夫と、夫婦で同時にニトリに転職しているのです。当時も子どもが1人いましたが、入社後も産休や育休を取り、3人の子育てをしながら勤務を続けてきました。

14年働き、44歳になって商品部で自分のチームをもちました。似鳥会長の周りに人が集まってくるように、頻繁に情報交換するのがうちのチームのスタイルです。バイヤーは1人で動くことが多いこともあり、孤独なこともありましたが、1つの品種を2人で分担して担当するよう変更し、数字に強い人とデザインや企画に強い人の2人をマッチングするよう工夫しました。また、本部に担当者が不在でも誰もが問い合わせに対応できるよう情報を共有し合い、人を孤立させない

ようにしました。私にとって会社、チームは「家族」に近い存在、体の一部のようなものです。

メーカー時代と比べて、ニトリの良いところは、自分で開発した商品に関して、自分で陳列や販促方法まで決められるところです。メーカーでものづくりをしていて、作った商品をこんなふうに売場で見せたい、触ってもらいたいと思うことがありました。しかし、店舗をもっていなければ売場にまで自分の手は届かず、思い通りの売場が作れることはまれです。ニトリでは、お客様との間に他社が入らず、商品の作り手の想いをそのまま売場で伝えることができます。もちろん、失敗したらすべて自分たちの責任になりますが、そのぶん喜びも大きいのです。

たとえば、２０１６年12月、東京・新宿の「タカシマヤタイムズスクエア南館」の1~5階に「ニトリ新宿タカシマヤタイムズスクエア店」がオープンしました。当時私はクリスマス用品の担当をしていて、レイアウトを決めるチームから「1階のワンフロア全部、クリスマスでいきましょう」と言われました。他の店舗と違って周りがガラス張りという、今まで以上に見せる力が問われる売場で、陳列や販促方法も、他の店舗とは別に考える必要がありました。このときは、私たちバイヤーが店舗に行って直接売場を作りました。大変でしたが、オープンし、お客様が楽しそうに商品を手に取ってくださる姿を見て、疲れも吹っ飛んだのを覚えています。

最近は、製造・販売でニトリの「全部自前でやってしまう」仕組みの一部を取り入れる企業も出てきました。商品そのものや商品の見せ方で、他社とどう差別化していくのか、ということは常に課題だと思っています。

私が現在担当しているのはキッズ・ベビー用品です。ニトリがベビー用品を手がけていることは、まだあまり知られておらず、日本でのシェアも０・７％ほどです。だからこそ、これからもっと伸ばすことのできる分野だと思っています。

２０１９年、広報部から、札幌で小さな子どもをもつママを対象としたイベントがあると聞き、私はすぐに参加を決めました。費用がかかるイベントだということもあり、上司に承認を得る前に即答でやると決めたので、広報部には驚かれました。「ブースでこんなことをしよう」「物販もしたいけど、いいのかな」などと、走りながらチームで内容を決め、アンケートに答えてくれれば、ニトリが開発した「接触冷感」生地を使用した、Ｎクールのぬいぐるみをプレゼントするキャンペーンも行ないました。

イベント後、札幌の店舗では他の地域に比べてベビー用品の売上が20％上がったという成果を得ることができました。今後も今まで他の品種では行なっていないような商品の打ち出し方にもチャレンジしたいと思っています。

イベント参加をすぐに決めたように、私は即断することが多いのですが、当然リスクもあるなかで、基準としているのは「もし自分が上司だったら、その新しい挑戦に賛成するだろうか」ということです。

ニトリには、初めてのチャレンジを評価し、その反対にいつも同じことをしていると「他に何かないの？」と言われてしまう文化があります。ですから、やりたいことについて人の顔色をうかがうのではなく、「自分が上司だったとして、納得ができるかどうか」という一点を大切にしています。これは、転職して私自身の考え方が大きく変わった部分です。

ニトリには「速さ」を評価する文化もあるので、やると決めたらすぐ行動に移します。これは上司からの命令も同じです。命令された仕事は、すぐ取りかからなければいけません。「あれ、どうなっている？」と聞かれた時点で終わっていなければ遅いということです。

アウトプットの作業によって新たな疑問が生まれることもあるので、まずは素早く形にして提出し、上司に疑問点を確認するようにしています。不備を指摘されることもありますが、そのたびに成長できると思っています。

即断・即決・即行で仕事を進めるコツは、ＰＤＣＡ（Plan、Do、Check、Action）を高速で回して仕事をため込まないことです。長い間ひとつの仕事を抱え込んでいると、手元にいつもやることがあり、次の仕事がつかえる状態になります。そこに急な相談事が来れば「今、忙しいので」「うちの担当ではありません」など理由をつけて断ることになるでしょう。相談を持ち込んでくる人からすれば、今後の相談もしづらくなり、こちら側も新しい情報や成長の機会を得るチャンスを逃してしまいます。

一つひとつの仕事を速く手離れさせ、いつもある程度の余裕をもつよう努めれば、こうしたイレギュラーの案件に対しても、「担当外かもしれませんが、うちのチームで引き取りましょうか？」と言えます。

こうしたチャレンジは、決して余計な仕事ではありません。新しい機会を買って出て取り組むことで、結果を出せば注目されます。札幌のイベントに参加した件では、ニトリでは初めての試みだったことなどが評価され、社内で表彰されました。チームリーダーが新しいチャレンジに前向きに取り組む姿勢でいれば、部下たちにも新しいことに取り組むチャンスが巡ってくるのです。

　実は、私には長らく、悩んでいた時期があります。お話ししたように産休、育休を取って休職するたびに、周りに遅れをとっているという焦りがあったのです。

　しかし、今思うとなんでもないことです。今のキッズ・ベビーの担当では、休んでいたときの経験がそのまま生きていますし、どんな理由で仕事を休んでいても、その間に経験したこと、考えたことは決して無駄にはなりません。休むべきときは、ゆっくり心の余裕をもって休んでいい。むしろそうしたメリハリをきちんとすることで、仕事の場においては、ＰＤＣＡサイクルの速い、生産性の高い人材になっていけると思います。

「お客様が第一」に徹すれば、利益は後からついてくる

世の中には次から次へと新しいビジネスが誕生し、その大半は短期間で姿を消してしまいます。それは、企業が提供する商品やサービスの内容と、お客様のニーズとの間にギャップがあるからだと思います。

みな、自分たちの過去の経験や立場から発想したことを一方的に提案するばかりで、お客様の立場から考えるという当たり前のことに真剣に取り組んでいません。

企業を存続させることが目的になり、「荒利益高をもう少し多く取ろう」「品質は今ひとつでも安く大量に売ろう」と、売上高や利益を追求するだけの、お客様の利益を無視した商品・サービスを提供している企業は実際、とても多いのです。

唯一の正義は、価格、品質、機能、色や形、何か一つでもいいから未開拓の新機軸を打ち出して、お客様にトクをしていただくことです。そのためには、時間もお金も労力もかかります。それでも、買い物をしたお客様には「トクをした」と感じてもらい、また次回、店に足を運びたいと思ってもらうことが重要なのです。自分たちが儲けるより前に、「お客様が求めているものは何か」を真剣に考えることに尽きるのです。

そうして生まれる商品・サービスはお客様の暮らしをガラッと変える力をもっています。

ニトリが長く、これを追求し続けてきた教訓として、世の中の変化によってお客様が求めるものは刻々と変化しても、一つだけ変わらないことがあります。それは「お客様にとって、値段が安いことが一番うれしい」ということです。

安さは暮らしを豊かにしてくれます。給料が同じでも、商品やサービスの値段が半分になれば、給料が2倍になったのと同じです。景気が悪くなれば当然消費が冷え込み、人は商品に、より「安い価格」を求めるようになります。不景気であれば企業側も、商品やサービスを安く提供するのは容易ではありません。しかし、そこで値下げができれば、不景気を追い風にお客様の支持を集めることができるのです。

この教訓から、ニトリはお客様に、適正な品質の商品をより安く提供することを信条としています。

まずはお客様を第一に、暮らしをガラッと変える新しい機能、適正な品質をもつ商品を、お手ごろな価格で提供するためにどうするか。それだけを考えます。そして、実現に向けて思い切った挑戦を重ねていく。そうすれば利益は後からついてくるのです。

結果としてお客様の数が増えると、またお返ししなくてはと考える。お返しするとまたお客様が増える……と延々とその繰り返しをしていく。そうすることで、売上高は上げるのではなく自然に上がる、儲けるのではなく自然に儲かる、という好循環が生まれるのです。

私はこれを「ブーメラン現象」と呼んでいます。企業の経営は実に単純明快、「何よりもお客様のために尽くす」というその一念を胸に、「儲けたい」という思いを捨て去ることで、逆に「儲かってしまう」。そういう状況を作り出すことこそが、理想なのです。

不況は商品開発力の向上、発展への好機となる

（広告宣伝部　O・I／１９９３年中途入社）

みんなが欲しいのに値段が高くて買えないものを、ニトリが２分の１の値段で売る、それこそがチェーンストアの商品開発だと思ってきました。

２００８年、リーマンショックが起きて経済が冷え込んだ年に、ニトリは「値下げ宣言」をしています。６月の第１弾では、２６８品目、続く７月の第２弾では３７２品目の値下げを実施しました。

当時、私は50歳で、商品部のマーチャンダイジングマネジャーを務めていました。２００７年のアメリカの住宅バブル崩壊を受け、日本の景気も停滞し始めたころです。原油や原材料が高騰し、企業として経営を継続するために、普通であれば値上げも考えるような状況下において、ニトリは逆方向にかじを切る決断をしました。

たとえば革張りのソファだったら、７万９９００円を５万９９００円に、25％も価格を下げるような大胆なもので、第１弾では平均19・６％、第２弾では平均15・０％、対象商品を値下げしました。

なぜ値下げを行なったのかといえば、理由はシンプルで、お客様のためです。「不況で経済的に苦しいときには、モノは安いほうがうれしいに決まっているから値下げしよう。絶対お客様に支持されるはずだ」という似鳥会長の発案によるものでした。

その後も３か月ごとに対象商品を追加、拡大し２０１０年10月の第11弾まで、この取り組みは続きました。合計４３２３品目の値下げをしたことになります。

この「値下げ宣言」は、一度値下げしたものをもとの価格に戻すことはせず、品質も落とさない、むしろ以前よりも上げていく、という厳しいものです。しかしこれは、ピンチをチャンスに変え、ニトリの商品開発力を引き上げる結果を導き出しました。

同じ原材料、同じ製造工程では、この厳しい条件に合う商品を作ることはできません。今までのやり方を捨て、商品一つひとつの原材料や製造過程を見直し、新しい商品へとどんどん入れ替えていきました。3か月おきに値下げ対象商品は増え続けるため、改善のスピードも求められました。

結果として、お客様にとってどの程度の価格であれば買いたいと感じるか、お買い得と感じていただけるかの値ごろ感がわかるようになり、商品の完売や入れ替え時でも品揃えを維持できるようになりました。

不況のなかでもニトリがより売上高を伸ばし、利益を上げることができたのは、お客様に支持される品質と価格を、ピンチのなかでも逃げずに追求し続けた結果です。こうした効果まで先読みしていたと思うと、会長の値下げという大胆な経営判断は、天才的だと感じます。

これからも変化し続けるお客様のニーズを汲み取り、お客様が気づく前に、新たな機能の商品を、躊躇なく買える低価格で提供することを志して挑戦を続けます。

優れたアイデアは「不平・不満・不便」の発見から生まれる

お客様の「不平・不満・不便」から、「不」の字を取っていくことが、お客様に喜んでいただける商品やサービスを生み出すことにつながります。

業種を問わず、商品やサービスを提供する人であれば、まずはお客様の暮らしのなかの「不平・不満・不便」を発見しなければなりません。使う・買う立場からの視点をもち、現場・現物・現実の三現主義にもとづいて市場調査を行ないます。

お客様が何を求めているかは、販売の現場である店舗や競合店に行き、商品の陳列量やバリエーション、自社の販売数量なども加味することである程度はわかるのです。

しかし、「不平・不満・不便」が何かということは、それだけではわかりません。

子どもになったり、高齢者になったり、老若男女、性別関係なしに、いろいろな人の立場になって素直にありのままを見て、調査するのです。

市場調査に加え、実際に自社製品を使ってくださっているお客様の声に耳を傾けることも非常に大切です。ニトリには店舗の他、コールセンターにも日々多くのお客様からの声が集まります。ダイレクトなお客様からの声は、新しい商品・サービスのヒントになる重要なご意見ばかりです。

たとえば、「不満」をもったお客様のうち、実際に申し出てくださるのは、わずか4％にすぎないといわれています。しかし、この貴重な4％の声のなかに実は重大な問題が潜んでいる可能性があります。この問題を解決することで、不満のまま我慢されている、96％のお客様の潜在的な不満解消につながるのです。

お客様のニーズは、これまで以上に多岐にわたっていますが、それは「改善に終わりはない」ということを意味しています。さまざまな要望を汲み上げていくことで、さらに多くのお客様に喜んでいただける新商品が生み出されます。

身近な人の声から、想像力と創造力を働かせる

（商品部　C・H／2004年中途入社）

ニトリのこれまでの商品開発の歴史を見ると、お客様が求めるものを一生懸命考え、仮説を立てて実験している人がヒット商品を生み出していると思います。その一例が布団カバーの「Nグリップ」でしょう。Nグリップは布団をカバーに固定するためのひもがないので付け替えがラクなうえ、布団はズレにくいという魔法のようなカバーです。

私も妻から、「布団カバーを交換するのは面倒」と何度も聞かされていました。何か方法はないかと考えても、クリップで留めるくらいしか浮かびませんでした。ところが、視点を変えて全然違う方向から考えたことでNグリップは誕生しました。

もともとは、高機能繊維メーカーからの持ち込みがきっかけでした。縫製しようとすると、全然滑らない生地がある。細かいファイバーが引っかかって縫いに

くい。この生地を何かに使えないか、という相談でした。

「縫いづらい、引っかかる、滑らない」という特徴を考えているうちに、布団カバーに使えないかと思い、すぐに部内のマーチャンダイザーに話をしました。すると、「布団カバーの裏につけたら、ひもが要らなくなるかもしれない」という好反応です。

ただ、布団カバーの値段が１９００円なのに、その生地だけで２０００円もかかってしまいます。通常はここであきらめるのでしょうが、私たちにとってはここがスタートになりました。

どうやって商品価格を上げないでその生地が使えるのか、どういう作り方をすれば安く仕上がるのかを考えました。海外工場での生産を考えましたが、当時海外の工場にはまだ実現できる技術がありませんでした。時間はかかりましたが、海外工場でファブリックを作るための技術指導から始め、ようやく実現することができました。

苦労した商品でしたが、売り出した当初、お客様にまったく注目されませんでした。しかし、ご購入いただいたお客様のレビューやＳＮＳに投稿される口コミから、だんだんと世の中に今まではなかった便利さが広がっていって、突然売れ始めました。

ヒットの火種は、宣伝したら爆発するかもしれない勢いでした。生産が追いつかなくなるからテレビＣＭはやらないでくれ、と止めたのは初めてのことです。結局、１年くらいはＣＭの放映を待ってもらいました。

商品開発って「こういうの、欲しいなあ」と自分自身が気づき、他の人も「そうだ」と認めてくれたらいけるんですよね。

これは社員の多くが実行していると思いますが、妻と買い物に行ったり、生活の不便を聞いたりして「こういうのは駄目なのよ」「こういうのだったらいいのよ」みたいな声を拾うことは重要ですね。

お客様のために一途になること、それが会社を動かす

（通販事業部　H・A／1994年新卒入社）

私が31歳、横浜市内で店長をやっていたときのことです。1店舗当たりの年間平均売上高が約11億円という時代に、その店は30億円というずば抜けて高い売上高を叩き出していました。会社の今までのマニュアルも、それまで積み上げてきた自分自身の経験も、まったく通用しない異常事態です。

一番困ったのが、駐車場です。その店は、店舗の3階、4階に駐車場があったのですが、来店するお客様が多すぎて、スペースが足りず、周辺の道路で大渋滞を引き起こして、地域住民の方々に迷惑をかけていました。

「駐車場が足りない。増やしてほしい」と一番混み合う日曜日の大渋滞の様子を写真に撮って会社に送ったのですが、「土地もないので難しい」という回答です。

駐車できる台数を増やすためにどうしたらいいのか。まず取り組んだのが、そ

のときにあった２５０台ぶんの駐車スペースの見直しでした。

車1台ごとのスペースの仕切りの幅を10～15センチずつすべて縮め、白線を引き直して駐車可能台数を増やす方法を会社に提案しました。するとすぐに許可を得ることができ、新たに15台ぶんのスペースを確保することができました。

年間を通しても一番来店数が増える３月の引っ越しシーズン前には、たまたま近くに空き地を見つけました。調べたところ、老人福祉施設ができる前の更地とわかりました。

着工まで時間があったので、土曜、日曜だけその土地を借りることができました。ただ、整地前だったので、雨が降るとぬかるんで車が沈んでしまいます。

そのことを近くの工事業者の方に相談すると、工事現場ではダンプカーなどの重さで地面が沈んでしまわないように、地面に鉄板を敷くものだと教えてくれました。そこで工事現場に敷いてあるような鉄板をクレーンで運び入れ、50台ぶんの臨時駐車場を確保しました。

店の前にあった大手自動販売機会社の駐車場にも目をつけました。そこは、週末は営業していないため、土曜、日曜だけ駐車してあるトラックを移動してもらえれば、ニトリのお客様の駐車場として使用できると考えたのです。

私は早速その企業に出向いてお願いしました。すると、「移動できないことはないけど、うちのメリットは何もないよね?」という返事です。「では、御社の自動販売機をうちの店に2台置くというのはどうですか?」で、交渉成立です。

「足りない」と言うだけでは会社は動いてくれませんが、お客様のことを考えて「こうしたい」と具体的な解決策をもって提案をすれば、会社は動くのです。

目指す成果を手にする人は、「意欲・執念・好奇心」をもつ人

仕事ができる人とは、一言でいえば、成果をあげる人です。

成果とは、決められた期間に目標として掲げた数字を達成することです。そのためには、計画が具体的であることが重要ですが、それに加え、結果を追い求める「意欲」も不可欠です。

立派な目標を立てても、考えているだけでは成果はあがりません。最善の方法を探し、実現に向けて完遂する。部門、職種を問わず、成果をあげる人は、目標と実行した結果を一致させることの徹底実行ができる人ばかりです。

実は、成果をあげる人とそうでない人の差は紙一重で、成果をあげられない人の多

くは、最初は取り組む気持ちはあっても、それが続かない。思ったようにうまく進まなければ、「やっぱり無理だった」とすぐにあきらめてしまうのです。

つまり「何か今とは別の方法があるはずだ」と追求し続ける「執念」と、目標達成の前に立ちはだかる問題や課題を解決するために、あらゆる情報を採り入れ、学び、新しいアイデアを生み出そうとする「好奇心」がないのです。

簡単にはできない、実現が難しいなど課題が大きいほど、それを実現すれば、今までより一層、一緒に働く従業員やお客様に喜んでいただけます。そして、大きな課題を突破したという自信が、さらに大きな挑戦へと導いてくれるのです。

自ら大きな目標を設定し、そこに向かっていくには、「意欲・執念・好奇心」を胸に、ゴールから逆算したスケジュールを決めて徹底的にやりきることが重要です。

新しいプロジェクトに乗り出していくと、予期しなかった多くの難題が押し寄せてくるものです。その場合は、状況の変化を見極めて、計画は絶えず修正しながら、目標実現に向けて進み続ける。優秀な人というのは、当初の計画とはズレが生じたとしても、最終的には予定していた成果をあげる人です。

成果に対する強い執念が、結果を変える

（店舗開発部　O・N／1991年新卒入社）

私は1991年に新卒で入社し、一度退社して他の仕事に就いた後、中途採用で再度入社、店舗開発に配属されました。他社の店舗開発では、不動産会社主導、もしくは不動産会社からの情報をもとに出店する形式が一般的ですが、ニトリは違います。

似鳥会長は何でも一から自前でやってきた方です。店舗開発も同じ考えで、他社に依頼するのではなく、開発担当自ら、あらかじめ想定した出店計画区域を車でくまなく走り込みます。工場や倉庫、営業中の会社など、所有者を調べ、直接訪問し交渉して、店舗計画を具現化する。その一連が我々店舗開発部の仕事です。

しかし、いい場所にはすでに建物が立っていることが多く、ほとんどの場合が空き地ではありません。あきらめてしまうのは簡単ですが、どうやってこの場所

に店舗を出店することができるか、それをあらゆる角度から考え、一つひとつ実行していきます。

私にとって、とても思い出深い出店エリアのひとつに、広島市があります。それまで誰が担当しても物件が出てこなかったエリアを、あろうことかまだ「開発」の「か」の字も知らない、着任したての私が担当することになりました。

通常、開発担当は都道府県単位で複数のエリアを兼任しているのですが、私に割り当てられたのは広島市のみでした。当時、会社がそれだけ人手を割いてでも、出店を渇望していたエリアだったようです。そのような重大な任務を遂行すべく、毎週のように事務所のある大阪から車を走らせ、広島市内を回っていました。

広島市は土地がないことで全国的に有名な街、日に入るのは人気のない田んぼや畑ばかりで、出店用地などどこにも見当たりませんでした。他の担当エリアがあれば気分転換にもなるのですが、担当は広島市のみ。毎日同じところをグルグル回るうち、気持ちは沈んでいきました。

しかし、あきらめずにいると、今まで見えなかったものが見えてくることがあります。

当時、国道54号沿いの交差点に、5階建ての古いアパート群が3、4棟ありました。店舗用地として見込むには、さすがに厳しいだろうとすぐには動けませんでしたが、車で通るたびに気になっていました。

昼間に車を走らせることが多いのですが、あるとき、夜間にそのアパートの前を通ってみると、窓の明かりが少ないことに気がつきました。今までは日中にアパート群全体をぼんやりとらえていた視点が、初めて小さな窓にフォーカスすることができた瞬間です。翌日、建物所有者を調べて問い合わせてみると、解体を検討中だとわかりました。これが後に売上高20億円を超える店舗になっていくわけです。

この経験からも、私が大事にしていることは、注意深く、さまざまな角度から対象を観察すること。そして、強い「意欲」と、問題があろうとあきらめない「執念」。先ほどの例であれば、明かりのない窓を発端に興味をもって何事も確かめてみる「好奇心」です。もし夜間にあの小さな窓の違和感に気づけていなかったら、あの店舗が誕生することはなかったと思います。

失敗を次に活かす企業ノウハウが、他社との差を生む

（商品部　O・K／1986年新卒入社）

今のニトリは商品部だけで580人もの社員がいますが、2000年ごろは、家具の買い付けから輸入まで、すべてを6人くらいでやっていました。

当時、似鳥会長と商品の打ち合わせをしていたときに、海外直輸入比率の話になりました。ニトリが取り扱っている商品の何割を海外で製造しているかを示す数値です。そのときは国内が80％で、海外は20％。すると会長から「全部海外にしよう」とのお達しです。

たとえば、ワークチェアという品種がありますが、製品の品質上、輸入の際に運送途中で金属が錆びてしまうという問題があり、海外からの輸入品は台湾から、しかも一部の商品しか仕入れていませんでした。しかし台湾は価格がそれほど安くなく、他社との優位性もありませんでした。

当時、私が知っているだけでも7社くらいがワークチェアを海外で作ろうとしていましたが、結局、サンプルの製作から輸入までの段階で不成功に終わり、撤退していました。失敗しても商品化を続けたのはニトリだけでした。他社の方からは、問屋経由のほうが利益も上がるし、リスクもないとアドバイスされたのを覚えています。

他社が撤退するなか、私も会長に「失敗しました」と報告に行ったら、「絶対あきらめるな」と返されました。他社がやろうとしてもできないことに挑戦するからこそ、それを実現できたとき、今までにない価値ある商品になると叱られました。それ以降、私もそれまで以上になんとかしてワークチェアの海外生産を成功させたいと、まさに執念をもって取り組み始めたのです。

あるとき会長と一緒に行った展示会で、中国の山奥のメーカーを見つけました。場所を聞くと、上海から車で6時間かかるといいます。しかし値段だけは抜群に安い。これはもう、行ってみるしかありません。

嫌がる中国人担当者と車で現地に行きました。するとどうでしょう。そこは世界中をマーケットとしていた宝の山そのものともいうべき大産地だとわかりました。工場の人は、「日本人を初めて見た」という人ばかりです。しかし、これからA社に10万脚出荷するとか、B社から30万脚オーダーが来たなど、異次元のすごい話が飛び交っていたのです。

そのメーカーと取引を始めた後も、すぐに成果が出たわけではありません。日本に到着したコンテナの扉を開けたら商品が全部錆びていて、すべてを先輩と泣きながら破棄したこともあります。そうした苦労の結果、ニトリのワークチェアは今では年間73万台を売り上げる人気の商品になりました。

商品開発は失敗の歴史です。失敗して、次は同じ失敗をしないようにやり直しても今度は別の失敗。次こそは失敗しないようにしようという反省の積み重ねでした。

途中であきらめた会社は、失敗を積み重ねていくノウハウがないんです。人が失敗した話を聞いて作った仕組みと、私たちが実際に失敗しながら執念をもって作っていった仕組みは、大きく違うのです。

「やるリスク」と「やらないリスク」を冷静に計算する

私の人生のテーマは「悔いのない人生」です。新しいビジネスで成功する確率が五分五分だったら、手を出さない人のほうが多いですが、私は成功する確率が三割にすぎなかったとしても、自分で妙味があると思ったことならチャレンジしてみます。

ここで重要なのは、「リスクを恐れず」という意味なのですが、それは、「リスクを考えず」ということではありません。

実行する場合は、失敗した場合、投資した資金などの損失がどのくらい出るのか。一方しない場合は、機会損失がどの程度発生するのか、両方のリスクを事前に算出し判断しなければなりません。

実際に着手しようとすると社内に強く反対する人も出てきますが、失敗したら、潔く直ちに撤退すればいいだけのこと。行き当たりばったりではなく、あらかじめ、どの程度損失を許容できるのか計算しておけば、失敗だったとしても想定範囲内です。人は、リスクを取ることで生まれる長期的な利益よりも目の前のリスクによる損失ばかり見て、それを避けようとしますが、リスクを避けているばかりでは圧倒的な一番にはなれません。

リスクのあるところにチャンスがあるととらえ、やると決めたら、調査と実験を繰り返し、結果が出るまでやりきる。これが非常に大事なのです。

リスクをとるから活かせるチャンスがある

（店舗開発部　Ｋ・Ｔ／２００１年中途入社）

私が前の会社を退職したすぐ後、それまで顔見知りでしかなかった似鳥会長から、なぜか携帯電話に直に連絡をいただき、それがきっかけとなってニトリに入社しました。

会長いわく、「今のニトリの弱いところは店舗開発だ」と。私は、前職で出店の責任者を務めていましたが、非常にハードな仕事だったので「店舗開発ではなく、商品開発ならやります」というのを入社の条件としたはずでした。しかし、入社後店舗に配属され半年ほど経ったころ、会長から呼び出され、「やはり出店を任せたい。店舗開発の担当となって、半年後に結果を出してほしい」と言われました。

「約束が違う」と言いたいところでしたし、半年というのも、店舗開発の常識からしてかなり無理があります。しかし、私はそこに面白さを感じてしまった。おそらく、会長の人柄もあったと思います。「わかりました。その代わり、何をやってもいいですよね」と念を押して、ニトリにはなかったやり方、仕組みを取り入れ、全速力で進んでいきました。45歳のときでした。

当時はまだ札幌に本社があり、千葉に東日本事務所を設けていました。私は店舗開発に配属後、１か月で東日本の所長になったのですが、部下たちは仲介業者に全物件を依頼し、ひたすら同事務所で電話待ち、ＦＡＸ待ちをしている状態でした。経費削減のため外に出ない体質になっていたのです。

「そうじゃない、外に出なさい」というのが最初の改革でした。入り口にあった下駄箱も撤去し、自分の足で物件を探す体制に変えました。そして、もし、ニトリが本当に全国展開し、今後そのための物件探しをすべて自社でやるのなら、これだけの人数が必要だと会社側に掛け合って、店舗開発の増員を実行しました。

そしてチーム編成を行ない、自前で全国のロードマップを作成しました。全国にローラーをかけて、店舗の配置計画を作成したのです。たとえば岩手だったら、「盛岡市の、国道何号線の、この信号からこのビルまでのどこか」ということを日本全国で行ない、決めていくわけです。膨大な作業でした。

出店に適した条件として、幹線道路、交通量が多い、目立つ場所、などと絞り込んでいき、ニトリの出店場所として最適な範囲を導き出していきます。これは、店舗開発部が足で稼ぎ、人口や所得といった各種データも使って導き出した結果です。

私たちは、自分たちでその土地を見て、分析しているからこそ人が集まる理由を知っています。しかし、こうしたやり方を始めた当初は、「町から車で30分も離れたところに、人は集まらない」など出店計画が却下されることばかりでした。しかしそのまま却下されては、我々は結果が出せません。

たとえばある県には三角州があって、海に面した場所は埋め立て地になっており、住宅が建てられないなど用途が限られている半面、出店候補地として適切な立地がありました。初めて行く人には「こんな、何もないところに」と思われてしまうような場所ですが、土曜、日曜と休日に車を走らせてみると、いかに地元の方々がこの道路を利用していて、ここに店舗があったら便利だろうということがわかる。私自身、休日に何度も車で走って、間違いないと確信していました。

しかしその場所の良さが、実際に目にしていない人に伝わらない。役員会で否決されそうになったのです。役員にとって、会長が認めないなら自分もノーと言っておくのが安泰でしょう。私は「この出店計画に対するリスクは私が取ります。うまくいかなかったら首をかける覚悟です。一方で、今、反対しているあなたがたは、やらないリスクのほうを取ったということです。もし、出店が成功だったら、(反対した)責任を取っていただきますよ」と言い、なんとか出店が決まりました。

結果はどうだったか。出店は大成功でした。店にお客様が殺到し、１５０台の駐車場が足りなくなってしまうほどでした。

急成長する会社では、会社が大きくなってくると、まるで海底にいて上ばかり見ている魚のヒラメのように、常に上の人ばかり気にしている、「ヒラメ人間」が増えてきます。守りに入ってじっとしていて、視野も狭い。あなたの周りを、よく見てください。そうした人間は、「やるリスク」を挙げて、ひたすら反対してきます。

では、「やらないリスク」はどうなるのでしょう? 店舗開発でいえば、良い物件を逃して、そこが他社のロードサイド店舗になってしまったら、向こう20年はその周辺に出店できません。それが将来もたらすことになるさまざまなリスクを、ぜひ想像してほしいと思います。

このようにリスクとチャンスは表裏一体です。近年だけでも、リーマンショック、東日本大震災、新型コロナウイルスの感染拡大と、私たちは何度も景気減速を経験してきました。しかしニトリは、景気減速時にこそ、得られるチャンスがあると考えています。

たとえば、２００８年のリーマンショック後は企業倒産が相次ぎました。通常は、何をやるにも足踏みをしたくなる時期です。しかし、物件価格の落ち込みは大きなチャンスなので、私は不動産購入を会長に進言しました。２０１１年の東日本大震災は、建築需要の増加等による建築費アップを引き起こしました。そのときは、出店を控えたくなる心理を逆手に、テナントとしてショッピングセンターなどに積極的に出店するという戦略を取りました。

不況だからと下を向いたら何も見えなくなります。大事なのは、大変なときにこそ、真っ直ぐ前、特に遠方を見ること。そして冷静になり、じっと周りを観察してみましょう。そのときにしか得ることのできない、大きなチャンスに気づくはずです。

より難しいことに挑戦するほうが、仕事は面白い

難度の高い順に問題が5つ並んでいれば、人は5番、4番、3番といった流れで簡単なほうから手をつけようとする傾向があります。しかし、私なら何の躊躇もなく難度の高い順番から、まず1番を解決し、次に2番へと挑みます。

「先憂後楽」という言葉があります。これには意味が2つあって、ひとつは「上に立つ者は誰よりも先に国を心配し、皆が楽しんだ後で自分が楽しむ」ということ。商売に直せば、「お客様の満足を優先し、お客様が楽しんだ後で自分たちのことを考える」ということになります。

もうひとつの意味は、「先に苦労して後年から楽しもう」という意味です。誰にで

もすぐできるラクな仕事を先にこなすのではなく、不可能とも思える課題から先に取り組んでいく。先に難しい課題に挑戦し、経験値を高めていくと、難度の低い課題はラクにできるようになります。また、さらに難度の高い課題に挑戦するチャンスが舞い込むようになるのです。

先に苦労するといっても、私にとっては遊びも仕事も同じ人生、安定とか安全ばかりを追いかけるのではなく、ハラハラ、ドキドキするのが楽しい。ハラハラ、ドキドキし、のたうち回って、できないこと、わからないことを執拗に調べ、ようやくうまくいく。それこそが生きている証しだと私は思っています。

グローバルで戦うために「ニトリの強み」の領域を広げる

（商品部　S・S／1999年新卒入社）

店舗経験後、商品部へ配属になり、15年になります。そのうち7年ほど、カーテンを担当しました。

私は、商品部の原点は「お客様の困りごとの解決」にあると思っています。「お客様は何に困っているのか」から行動するのが商品開発の王道です。会社や担当者の都合ではなく、「お客様がどれだけ喜ぶか」を行動の基準としています。そして、そのために行なう挑戦の内容が難しければ難しいほど、反響も大きくなります。

カーテンはニトリの人気商品のひとつです。「お手ごろな価格帯の商品をムリせずに買いたい」というニーズを満たし、「もっと見映えの良い生地がいい」「バリエーションを増やしてほしい」などさまざまな要望にも応えてきた結果、今や

４００種類を超える品揃えになりました。しかし、日本では引っ越しなどの機会がなければ、カーテンはそうそう買い替えるものではなく、少し品揃えを増やしたり、変えたくらいでは、売れ行きは変化しません。そこで自社も他社も今まで取り組んでいないことで、お客様の困りごとの解決につながる、新しい商品を作り出す必要がありました。

ニトリが取り扱っているレースカーテンに、昼も夜も視線をカットし、プライバシーを守る、「遮像」という機能があります。使用されているお客様の声を聞いてみると、20代から50代の幅広い世代から、「外からの目隠しのために遮像のレースカーテンを使うと、昼なのに部屋のなかが暗くなってしまう」という悩みが多く寄せられました。

視線を遮る性能を高めると、光まで遮ってしまうのがそうしたご意見の理由です。つまり、遮像性と明るさは両立しない機能でした。

お客様の要望に応えるためには「光は通すのに、視線はカットする」この相反する機能を兼ね備える必要があり、技術的には非常に難しくなります。

これを解決するため、ある繊維メーカーと新たなレースカーテンを開発しました。視線や紫外線、熱は反射し、屋外からの光は通すことができる商品です。採光率は一般的なレースカーテンの約2倍、紫外線カット率も従来品に比べ約20%以上、向上させることができました。

このレースカーテンはヒット商品となり、グッドデザイン賞も受賞しました。審査では、相反する機能を両立させた点と、繊維メーカーと共同開発した点が評価され、「他のデザインにも応用できないか、今後に期待する」という言葉をいただきました。

開発1年目は、レースの表面の仕上がりに光沢が出すぎたため、当時の流行に合うマットな質感が出るよう、その後もさらに改善していきました。

ニトリはカーテンの他にも寝具など、機能性の高い商品を手がけており、今後海外進出を加速していくなかで、これは武器になると思います。しかしもうひとつ、なくてはならない要素があると考えています。それが品種間コーディネートです。

ニトリは近年、コーディネート提案を強化しています。しかしバイヤーとしてヨーロッパへ視察に行った際、コーディネートを前提とした商品開発や売場づくりが当たり前になっているのを目の当たりにして、ニトリがまだ進化の途中であることを痛感しました。会社の教育投資によって、それに気がつく機会を与えてくれたことに感謝しています。

コーディネート提案がなかなか進化しない理由は、どうしても売上と相反する部分があるためです。単品で販売数の多い商品の売場を狭めてまでコーディネート提案の売場を増やしていく必要があるのか、といった社内の反対意見もあります。コーディネート提案の売場を増やすことによって、一時的に売上が落ちるかもしれない、それは直近のリスクです。しかし、コーディネートを今から浸透させていかないと、世界で戦うときの、先のリスクになると思っています。

カーテンは他の商品に比べてお客様にコーディネートを意識してもらいやすい商品です。ですから手始めとして、カーテンの売場にカーテン以外の椅子やクッションなどと合わせたコーディネート提案の売場をつくるなど、積極的に普及に取り組んでいくことで、まず社内の意識を変えたいと思っています。すぐには理解が得られないとしても、自分の使命として、これからもこの難しい課題に挑戦していきたいと思っています。

生産性を上げるためには、ムダを減らすことが欠かせない

数字に弱い人の特徴のひとつは、コストに無頓着なことです。世間の相場や平均の数値をよく分析もせず、自分の会社や部署も平均レベルならいい、と安易に考える人がなんと多いことでしょうか。コストを意識しない仕事は、ただの趣味にすぎません。

コスト削減に取り組むというと、利益を確保するためにむやみやたらに経費を削減することだけを考え、行動しがちですが、まず何のためにコストを削るのか、目的を考えなければならないのです。本来、コスト削減によって目指していることは、生産性の向上なのです。

たとえば、店舗にとって最大のコストは人件費です。４００坪の売場に10人の従業

員がいるとします。現状一人当たり40坪の売場面積を一人当たり60坪に向上できれば、従業員は10人ではなく、６・７人でいい。３・３人を四捨五入して３人ぶんの人件費が削減できるという計算になります。パート社員の場合、福利厚生費をすべて含めると一人当たり人件費は年間３００万円ほどになります。つまり、３人ぶんの人件費だけで純利益が９００万円から１０００万円くらいは違ってきます。

　店長の立場でコスト削減を目指すのであれば、こうした人件費を考慮しながら、１時間当たりの労働生産性を高めるために、どのように人員を配置して、より効率的に働いてもらえるのかを考えなくてはなりません。１店舗当たりの純利益が１０００万円変われば、全国５００店舗の合計で１０００万円×５００店＝50億円に及びます。

　経営陣や現場の長である店長はこのような計算をしながら、生産性を上げるにはどうしたらいいか、今なぜそうできていないのかを考えなければなりません。その対策を実行できるときはじめて、ビジネス社会では「数字に強い」というのです。

　これは経営数値に関わる人に限らず、あらゆるビジネスパーソンに求められます。常に現状を疑い、ムダと思えるところが見つかったら、「やめられないか」「減らせないか」の視点で取り組み、さらなる効率化を目指さなければなりません。

コスト意識をもち、数字をベースとした柔軟な発想で目の前の仕事を見直すことができれば、より優先度の高い重要な仕事に労力を傾けることができるようになり、より本質的な提案ができるでしょう。こうしてムダをなくしていくことによって自らの技術は向上するのです。

生産性向上によるコスト削減は企業に利益をもたらすのみならず、その利益を価格に反映するという形でお客様に還元することができるのです。

数字に置き換える力が、仕事をラクにし、コスト削減につながる

（貿易改革室　M・S／1982年新卒入社）

私は物流の部署や店舗勤務を経て1991年、社内公募で選ばれシンガポール勤務になりました。これが後に貿易業務に関わるきっかけとなるのですが、特に英語ができるわけでもなく、店長を3年務め、次の新しいことにチャレンジしたくなっていたというのが、このとき海外勤務を希望した理由でした。

その後も商品、物流、貿易関連の仕事を任せられ、中国やインドにも駐在しながら経験を積んできました。

ニトリでは、まだ規模が小さく店舗も少ない時代から、毎年、年間1000万円のコストを削減できるような新しい取り組み、チャレンジをすることが求められていました。似鳥会長から、できるまで何度も繰り返してそうしたチャレンジをするよう聞かされ、取り組むうちに体に染みついて、自然とコスト削減につな

がる改善改革ができるようになりました。

コストを減らすことは、結果として生産性の向上につながります。ニトリの２０１９年度（２０２０年2月期）の一人当たりの労働生産性は１９８０万円、日本生産性本部による２０１９年の日本の一人当たりの労働生産性と比べても、２倍以上と非常に高い理由は、こうしたチャレンジをするクセが根づいているからだと思います。

コスト削減は「業務が以前よりラクになる」ことを念頭において進めると良い結果が生まれます。私はいつも、どこかラクにできるところがないか考え続け、実行してきました。

たとえば、貿易における船積書類のひとつで貨物の受取証であるＢ／Ｌ（船荷証券）は、かつては従業員が手入力して作成していましたが、ＱＲコードを添付してもらう形に変えることで入力する手間とミスをなくしました。結果、ラクをしてコストも下げることができ、完全化もできる生産性の高い仕事に変わったのです。

私がチャレンジして大きく成功したコスト削減の取り組み事例として、２０１

1年、51歳で貿易改革室の室長に就任した際の関税の削減が挙げられます。

ニトリの商品は、90％以上を海外で生産しています。日本の店舗や通販で販売するために、日本に商品を輸入しており、ニトリが扱う輸入量は、単体企業として国内第1位で、17万ＴＥＵ（20フィートコンテナ17万個ぶん）にも及びます。

輸入の際、税関で輸入申告書にもとづく通関手続きが必要になりますが、そうした通関業務を通常であれば通関業者に代行させるところ、ニトリは２０１２年から自社通関を行なっています。

輸入するもののほとんどに関税が発生します。関税率は、その商品が何に分類されるのかを示す税番に対応して決定されます。この税番に着目したのです。

たとえば、「履物」という分類を一つとってみても、その商品に使われている素材や、その素材が全体のどの部分に何％使われているかといった条件によって、税番は変わってきます。さらに、各国ごとに税番に対応する税率は違うため、まったく同じ商品でも、生産する国によって関税は変わってしまうのです。扱う商品の分類、生産する国、使う素材、これらの条件を自社で管理することが、自社生産のメリットを強化することになると考えました。

国家資格である通関士の有資格者を社内に増やし、商品開発時から、通関士が商品部に関税面でのアドバイスをする体制を作っていきました。こうして、余計なコストをかけることなく、税番決定から管理までをラクに行なえる仕組みを作ることができました。

コスト削減を狙いとして仕事の見直しを図るのであれば、状態を数字に置き換える力が非常に重要です。若いころはなかなか難しいのですが、来店客数、買上点数、売上高、といった身近な数字を毎週見て、そこに、チラシを配布したとき、しなかったときといった情報も加えて分析する。繰り返し見て、また分析し、おおよその数字を頭に入れておきながら、「なぜそうなのか」を常に考えるクセをつけて、数字で表現しにくいものも必ず何かの数字に置き換え、コスト換算できるように自分を訓練していきます。このような数字との付き合い、習慣化は、どんなビジネスにおいても良い訓練になると思います。

コスト削減、その先にある生産性向上というような、大きな課題に挑めるような力は、日頃の地味な習慣によって身につくものだと思います。

20代から自己投資して学び、一番を目指す

会社も個人も、過去の成功体験の延長線上の取り組み方では、他社やライバルと大きな差がつくことはありません。同じように生き、仕事をするなら、今まではない、他社も思いつかないような挑戦をして、お客様を驚かせたいと思うのです。

だからこそ、大勢の人がすでに通っている道を歩むよりは、常に誰も通ったことがないような、新しい道をあえて選びたい。まだ誰も着手していないこと、この世に存在していなかったものに取り組みたいと考えています。

そして、どんな仕事であれ、「先制主義」、常に先陣を切ることを目指しています。どれだけわずかな差でも、二番以下なら何番でも同じです。

たとえば、商品開発や製造技術については、もちろん世界一の品質と精度でなければなりませんし、市場のシェアでも決して二位、三位に甘んじることなく、一位を目指して精進します。また、どこよりも見やすく、買いやすい売場づくりを目指すのです。世界で一番を目指し、他社では実現困難なレベルを妥協しないで追求し続けなければ新しいものを生み出すことはできません。

個人としても、その部署で何かの技術でとびきりの一番になる。さらに社内で一番、もう一つ飛び越えて日本一に、ついには世界一へと、いつも向上心をもって自分を高めていくべきです。

まだ経験が浅い20代であれば、20代なりに必要となる自己育成の方法や時間の使い方があります。業界にかかわらずさまざまな場所、店、展示会などを回ってみて、繁盛している店があれば、どの部分がそう感じさせるのか、どこが他の店と異なるマークすべき部分なのかを分析し、自分なりにまとめてみます。

また、相互研鑽を目的とした社外セミナーに参加して交友関係を広げたり、社内外の競争相手と互いに交流していくこともいいでしょう。若い時期には、好奇心をもって自分の成長につながること、経験を増やすことに時間やお金を投資するほうがいい、と私は考えています。

そして大切なのは得た知識を実行に移すことです。会社はそのチャレンジのための絶好の場です。知識そのものがビジネスの能力を向上させることはありません。知識は自分のものになるまで繰り返し実行して体験に裏打ちされてこそ、活きるのです。

職場の「外」を見ることで、本物の情報が手に入る

（商品部　Y・H／1992年新卒入社）

商品のアイデアは、小さい種のようなものです。何の花が咲くのか、実がなるのかもわかりません。私は日頃から展示会や競合調査、市場の見学などによく出かけます。9割以上は実らないネタを仕入れることになりますが、あとの1割がもともとあったアイデアの種を引き寄せて、開花につながることがあるのです。「もしかしたら、何かに活かせるかもしれない」といった意識をもって物事を見ることができるか、「とりあえず自分のなかの引き出しにしまっておく」ことが、ヒット商品を作り出すカギになることが多いのです。

羽毛布団を圧縮して売り出したときもそうでした。何の先入観もなく、「これが小さくコンパクトになったら持ち運びに便利だな」と思って企画した商品でした。しかし、発売当初、同業者からの評判はさんざんでした。「あんなに小さく

したら布団なんて売れるわけがない」「あれを作っているマーチャンダイザーは、絶対おかしなヤツだ」という声が聞こえてきました。業界にはそもそも、羽毛布団を小さくするという発想がなかったのです。ふわふわでなければ品質の良さを表現できないという先入観がそうさせたのでしょう。

ところが、商品は売れていきました。実際に、昔の友人から「ああ、そういえばお前ニトリに勤めていたよな。こないだペチャンコの羽毛布団買ったんだけど、なかなかいいんだよ」と言われ、心のなかでガッツポーズをしました。

そして気づいたら、他社でもニトリと同じように羽毛布団をコンパクトにして売っていました。

こうした発想は、布団を作ることだけを知っていたら出なかったと思います。布団を作るのに、布団だけを見ていては駄目なのです。まずはお客様にとって何が便利か考えます。それを前提にさまざまな素材、資材といったものを、興味をもって観察していると、ムダなものがそぎ落とされ、これまで見たことのないものが目に入り、それらがあるときにピタッと一つになるイメージです。

ですから私は、普段、違う業界を観察しています。素材でいえば、激しいスポーツを行なうときのウェアや、下着といった別分野のメーカーが、素晴らしい繊維を開発していたりする。また、パッケージひとつとっても、お菓子やタバコは、同じサイズ感のなかでどうやって目立たせようかという工夫が凝らされています。こうしたものは、見ているだけでなく、実際に買って、使ってみるようにもしています。それと同時に、最先端の科学技術やシステムの見本市を見に行ったりもしています。

新しいことに挑戦するには、他業界にも目を向けることが大事です。商品部のなかにいると、部内の情報を常識と思いがちです。しかし、そこは生活の場ではありませんから暮らしの常識ではありません。暮らしの常識は会社の外にあるのです。お客様も商品部の外にいます。このことを心に留めながら仕事に取り組まなければなりません。

「何かで一番になる」その精神が仕事の成果につながる

（店舗開発部　C・T／1991年新卒入社）

私の一番好きな似鳥会長の言葉は、「何かで一番になりなさい」というものです。もともと目的達成指向性が強く、非常に負けず嫌い。そんな自分の性格ともマッチしたのでしょう、この言葉が強く残り、それを常に意識して業務に向き合ってきました。

店舗で勤務しているときは、売上高でトップをとることを常に意識していました。前店での売上成績を認められ不振店の改善を任されるなど、会社にもそういった姿勢は認められていたと思います。13か月連続で予算未達の店舗を3か月で予算達成まで導き、会長から直接褒められたこともあります。

好調な分類は何か、同じカーテンでもレースとドレープのどちらか、同じレースならどんな機能・柄のものが売れていて、不振なものがあるなら、好調な分類を参考に不振の原因についてを観分判をしてみる。それを各分類の管理担当者とともに分析することを徹底していました。

結果として、1坪当たりの売上高の改善と売場の視認性向上のために、会社が決めた店内レイアウトを大幅に変更するという実験をする際は、トップに直談判も行なうなど、どうやったらお客様が買いやすいか、ルールにとらわれず追求していました。

現在所属している店舗開発部は、異動した当時はまだ新設部署でした。集められたメンバーは、私を含め必要な不動産の知識をもっていたわけではなく、自発的に自分で考えて行動に移していける人、言い換えれば行動力がありすぎて荒くれもの集団でもあったかもしれません。社内では珍しくマニュアルもなく、成果が表面化しやすい部署のなかで、自ら行動する気概がなければやっていけないということだったのでしょう。

そんな店舗開発部で私は、一番多くの出店数を手がけることを目標に走り続けてきました。

最初に任された案件は、ニトリの店舗の隣にテナントとして他社を誘致してくることでした。交渉に必要な知識の研修や勉強会があるわけでもなく、いきなり交渉に行くものの、先方が話す専門用語がまったくわかりません。「定期建物賃貸借でよかったですか？」「……そんな感じだと思います」では仕事になりません。

こういうとき、人に尋ねて解決することもできますが、まずは自分で調べて自らを武装することが大切だと考えています。そういうことを繰り返していると、いつしか自分のなかにノウハウが蓄積していきます。現に、その繰り返しを乗り越えてきた、ニトリの店舗開発部のメンバーは、「玄人」。ときには他社の開発担当者が勉強をしに来るなど、コンサルティングもできるほどの技量が身についているのです。

若手社員を見ていてもったいないなと思うことは、ニトリという大会社に入ってきたのだから会社が言うことを当たり前と感じ、自分で考えてない。自ら手をあげて、それこそ社長に直談判したくなるような立案をする気概をもてていないということです。

「何かで一番になる！」そのためには、自ら知識や経験を身につけて戦う必要が出てくる。そうした目標があれば自ら前向きに仕事に向き合えるようになりますし、実績がともなうようになります。

今までに国内外を含め約１５０店舗の出店を手がけてきました。店舗開発部のなかでも一番多い出店数を誇っています。

第3章

コンペティション
Competition

——常に自分を
成長させることを考える

会社を自己成長のために使いなさい

数十年後に、自分がどのような能力を身につけていたいか、社会に対してどんな貢献ができる人になっていたいか、どのような社会的影響力をもつ人になっていたいか、自分がこうありたいという未来を見据え、自分自身が成長するために働いている――。
誰もがそのように感じられる会社にしたいと思いながら、これまで私はニトリを経営してきました。

ロマンとビジョンは、企業にとって成長のために欠かせない指針ですが、個人にとってもその有無と実現に向けた覚悟とが、一生を左右します。

人は目標に向かって進もうとするとき、輝きながら、自らやりがいをもって物事に挑めるものです。かけがえのない人生が、より輝いて、充実した人生となるか、なんとなく過ごしていく人生となってしまうかは、20代から30代の過ごし方で決まります。個人的なロマンとビジョンをもっていれば、目標に向かって日々自分を高めていくことができるのです。

「自分のロマン」つまり「自分自身が社会に対してどのような価値を創造し、提供していきたいか」を考えるとともに、「自分のビジョン」つまり「それを実現するための計画」をロマンから逆算して、いつ何を学び、何を身につけていくのかを計画し、自らの指針とするのです。

会社は、自己成長するためにあります。自分を成長させてくれて、失敗の代償は会社が払ってくれる。そのうえに給料まで払ってくれる。それが会社というものです。ですから、会社をもっと大きくするためになどと考えてはいけません。自分の成長のため、そして自己の価値を高めるために会社を足場にして、会社の環境を利用して、挑戦して、たくさんの失敗をすればいいのです。

どんな企業・職場でも10年、20年と自分自身のロマンとビジョンに向かって邁進していけば、どこでも通用するような能力が何か身につくものです。今の仕事が合わないからといって3年ももたないようでは、どの企業に行っても、どんな仕事をしてもうまくいきません。今取り組んでいることを自分のビジョンにどうつなげていくかが大切なのです。

将来、社会に対して自分がどんな貢献をできる人になりたいか、ぜひ本気で考えてみてください。

自分自身で成し遂げたい目標ができて、仕事の主語が「私」になったとき、それを実現させるためにどうするか、具体的な手段を考えるようになります。明確な目的をもっている人と、目的意識がなく、なんとなく生きている人とでは、結果に大変な違いが出るのです。

そこで、ニトリではすべての社員に、キャリアプランを提出してもらっています。未来から逆算しながら、40年、30年、20年、10年、3年、1年後の自分がどんなことを実現しているのか、希望の姿を、そのときの職務や資格も含めて提出します。

職務や資格を書くのは、それが成果と実績のひとつの目安で、給料もそこで決まるからです。つまり「この歳になったときには、こんな技術・技能を身につけて、これぐらいの収入を得ていたい」という目標でもあります。

あまり成長していない人は、キャリアアップシートに書かれた内容を見たときに、目標自体が低い傾向があります。だからこそ、目標は大きくもたなければなりません。今の自分ではありえないほど高い目標を書き込むことが、自分を成長させる覚悟につながります。

ゴールを定めることで、そこに行き着くためにすべきことが明確になる

（店舗運営部　M・C／2013年新卒入社）

私には、自分なりのロマンとビジョンがあります。50歳までに、販売数量、売上高ともに世界一売れるタオルを作るというものです。

きっかけとなったのは、アメリカ研修です。ニトリでは、教育制度のひとつに、「アメリカセミナー」があります。これは例年、約1200人の社員がアメリカ西海岸へ研修に行き、似鳥会長がかつてアメリカ視察を通じて「アメリカの暮らしの豊かさを日本で実現したい」と思ったニトリの原点を、社員も体感するものです。いわば、ロマンを共有する研修です。

場所はロサンゼルスとラスベガスで、昼間はあらゆるフォーマットの優良チェーンストアを視察して売場と商品と客層を観察し、価格を調査し、実際に買い物をします。ホテルに戻ってからは持ち帰った情報や、買ってきた商品をもとに班

に分かれてディスカッションをし、自分の課題の観分判のレポートを作成します。このようにアメリカのチェーンストア企業の最新動向を自らの目で視察し、理論を学ぶことで、ニトリのあるべき姿を考えます。

　これまで2回参加していますが、その1回目で、あるタオルとの出合いがありました。ベッド・バス・アンド・ビヨンドという1000店規模のホームファッションの大チェーンのタオルで、これが、ただものではありませんでした。

　最初は、売場を埋め尽くすような大量のタオルの色の美しさに目を奪われました。当時のアメリカ研修では名物だと説明を受けたほど壮観な眺めです。よく見ると、タオルとバスマットのように家のなかの同じ場所で使う商品の色が統一されていて、バスルームのコーディネートの要としてもタオルが重要な役割をもっていることがわかりました。

　そして日本に帰って実際に使ってみたら、毛羽立ちがまったくありません。そうした高品質にも胸を打たれました。自分の実家にあるタオルを見てみると、企業名が入ったもらい物が多く、色もちぐはぐ。コーディネートなどまったく意識されていません。

アメリカで出合ったタオルは、コーディネートも品質も素晴らしい。しかし、そのぶん値段が高いのです。タオルは毎日使う日用品です。だからこそ、ニトリでお求めやすい価格で販売できれば、世界中の人の日常を変えるタオルになるのではないか。私は、そう考えるようになりました。

今は勤続7年目で、すでに6部署目。店舗運営部で副店長を務めています。同期のなかでは比較的、異動が多いほうかと思います。ようやく仕事をマスターしたころに異動があるので、常に新たな心持ちで仕事に取り組んでいます。

正直、入社当時は、会社のロマンに共感はしていたものの、自分自身のロマンは描けていませんでした。「50歳で世界一のタオルを作る」というロマンを掲げてからは、逆算して自分のキャリアを考えることができるようになりました。何年後にはどの部署に行きたいか、そのためには今何をしないといけないか、常に意識しています。

実際にそうなるとは限りませんし、途中でもっと大きな目標を見つけるかもしれません。しかし今は、将来の目標に向けてするべきことが明確になり、意欲が湧いてくるのを強く感じています。

目標と決意があれば、どんな時間からでも学びを得られる

（商品部　T・K／1998年新卒入社）

ニトリではキャリアプランを描くことを、入社前の採用活動のときから行ないます。自分が目指す姿を明確にし、そこから逆算して今何をすべきか決める。この考え方を大切にしているのがニトリです。

しかし、日々与えられる目の前の仕事は、ほとんどの場合、自分が思い描くものとはほど遠いものです。

実は私は入社するときからずっと、商品開発のプロになりたいと思っていましたが、約20年店舗運営部で過ごし、店舗運営部のトップであるゼネラルマネジャーも経験してきました。

そもそも、上司と仕事は選べない、というのが私の結論です。キャリアプランは描くけれども、自分の適性、仕事は選べないというジレンマを、ニトリの若手

社員でも抱えている人は多いと思います。

選べないならどうするのか。それは、今置かれた環境、仕事で、何を目標とするのか、どう自分の成長につなげるのかを、自分で決める。これをできるかどうかが、重要なのだと、自らの経験を通して感じています。

人は自分で決めたことでなければ、やらないし、変えられない。キャリアプランも、目の前の仕事も、自分でこうすると決めたことに対して、決意をもって取り組むことが自分を成長させ、適応力の幅も広げてくれます。つまりできることが確実に増えるのです。

今、長い店舗経験を経て、商品部で本来やりたかったバイヤーをしています。

今だからこそわかることは、今までの経験が、すべて活きているということです。

店舗で、お客様をはじめ、一緒に働く従業員の方々などから、多くの不平・不満を受けとめてきたからこそ、「より便利」なものづくりへの探求心が生まれました。

また、どのようにお客様が商品に触れるか、来店されるさまざまな世代、性別を想定し、「見やすく、手に取りやすい」売場や商品にしなければならないと、考えなくても自然と意識することができています。自分が置かれた環境で、目標を決め、前向きに取り組み続けてきたことが、自分の力になったと実感しています。

似鳥会長は「スカウトされる人材になれ」と、特に若い従業員らに向けて講話しています。この言葉には、文字どおり「他社からスカウトされるくらい、優秀な人になってほしい」という意味の他に、井の中の蛙大海を知らず、「今あるニトリの中だけを見て仕事をしていてはいけない」という戒めの意味も含まれていると思います。

やりたい、やりたくないにかかわらず目の前の仕事に対して前向きに、自分で目標を決めて取り組む。そのとき、どうしても今見えていること、知っている幅のなかでしか頑張ることはできません。いかに日々の生活、仕事のなかから学びを得るか、それが重要になります。

たとえば私は、会長が月次の会議で社員に向けて話す小売業の売上高動向の数字について、ただ聞いて、数字を眺めるだけの時間とするのではなく、経営者が数字をどう見ているのか、ヒントを得るための時間としています。なぜ数字に変化があったのか、会長が話すヒントをもとに、自社の細かい数字について関係する情報を自分で調べて理由を紐解いてみれば、知識の幅が大きく広がり、より広い視野をもてるようになっていきます。

会社での日々の仕事を通し、そこからの気づきを自己成長のために使う。そして、広い視野をもって自分が決めた、自分の描くキャリアに向かって前進する。ニトリの全社員が、他社がスカウトしたくなるような優れた人材になることを会長は望んでいるのだと思います。

全体最適で考えられるスペシャリストを目指す

社会から必要とされる新しい価値のある商品・サービスを生み出し続けるためには、自分自身や会社がもつ既存の知識の範囲を超えた新たな知識を得ようと幅広く探求すること。そして、得意とする専門分野を継続して深掘りし、磨き込んでいくこと。これらの２つの行為が必要です。

人も企業も、目先の利益のために、自分や自社の得意分野を掘り下げることにのみ専念しがちです。しかしながら、そうしたアプローチでは、昔の成功体験にとらわれて、革新的な発案が否定されてしまう罠に陥りやすいといえます。

広い視野をもち新しい知識や情報を素直に取り入れながら、自分の得意なことに絡めて掘り下げることができる柔軟な思考が、自らのキャリアの可能性を広げ、組織に新たな革新を生み出し、個人と会社のチャンスを広げることにつながるのです。

スペシャリストという言葉を聞くと、特定分野の専門家というイメージが強いと思います。しかしニトリでは、自分の得意分野にのみ詳しく、部分最適な見方に特化した人ではなく、全体最適で考えられる総合的な視野をもつ人をスペシャリストと定義しています。

経済の変化、お客様の消費行動の変化に対応するために、ビジネスモデルは変化・成長し続けます。仕事の幅が日々拡大していく、そうしたビジネス環境において、複数のまったく異なる分野の知識と経験を兼ね備え、社会に多大な貢献ができるような改革を進められる「ゼネラリストなスペシャリスト」を育成することが必要不可欠です。

ニトリでは、そんな人材を理想とし、社員には数年おきにさまざまな部署へ異動を繰り返す、「配置転換教育」（ジョブローテーション）を実施し続けてきました。

ローテーションの流れは人によって違いますが、約2年から3年の短いスパンで職務は変わります。ニトリは商品・サービスを企画・製造するところから、輸入や運搬、販売からアフターサービスまでをすべて自社で手がけているからこそ、社内には１００を超える職種があります。そのため、社内異動なのに異なる業界に転職したような仕事に就くこともあります。他社の場合、異動といってもある程度、企画系、オペレーション系、商品部系というふうに、限られた職種内での異動が多いと聞きますが、ニトリではその垣根を越えて異動が行なわれるからです。

商品開発を希望する社員を、物流部門に異動させる。一見、希望を配慮していない異動のように見えますが、商品の外梱の形状を知っていて、１００個発注することの物量を実際にイメージできるからこそ、物流の面から見ても無駄のない商品開発ができるのです。

貿易関係の職務に異動させるなら貿易用語を教える、といった知識教育は当然必要ですが、実際の発注の方法やコンテナへの積み込み方、各物流拠点での業務内容などは、実務を体感してはじめて知ることになります。

見ていないから知らない、わからない、想像できないことを、配置転換教育（以下、配転教育、または配転）によって見せて、経験させることで、視野が広がり、その人だからこそ思いつく、新しい商品・サービスを生み出せるようになるのです。

仕事内容や担う立場が定期的に変わることで、物事の見方や考え方が変わっていきます。その経験の積み重ねで「広い視野」と「柔軟な思考」が養われていくのです。同じ部署に5年いると化石になる。これはニトリで語られている言葉です。

そこに込められているのは、「仕事に慣れて変化・挑戦する意欲をなくしてはならない」という自戒の念です。個人と会社の成長を後押ししてきた仕組みこそ、この配転教育なのです。

会社のなかでの自分の役割、ポジショニングを意識する

（経営計画推進室　S・N／2012年中途入社）

私は、航空業界を10年ほど経験してからニトリに入社しました。前職では自分が成長していくという実感がないまま30歳を超えて、成長著しい他社で自分の力を試したい、という思いが強くなったことが転職のきっかけでした。

面接では、「新しいことにチャレンジしたい」「前職での海外赴任の経験から、海外出店、あるいは経営に近い部署で働きたい」と希望しました。

現在私がいる経営計画推進室の役割は、会社経営の羅針盤、ということになると思います。当社は増収増益をずっと続けてきているのが経営数値上一番の特徴ですが、それを実現するために、利益をコントロールしていく職務、というのが、一番わかりやすい言い方かもしれません。要は、売上高を予測して、それに対してどれだけ経費を使って、利益をどれぐらい残すのか、というコントロールをする

のです。

コントロールするなかで、経営トップがさまざまな経営判断を行なう際、判断を誤らないように正しい数字を提示することが求められます。こうした仕事は経営に非常に近いところで、入社時の希望がかなったといえると思います。

間違った数字を出してしまったら経営トップの判断ミスを引き起こす可能性もあり、責任は重大です。ですから常に全体最適と部分最適を意識しています。たとえば一部のこの数字だけ切り取ったら正しいが、それだけで判断をしていいものかどうか自問します。

そういうときに、少し視野を広げて見直すように心がけます。難しいですし、気を遣います。しかも私は、今までの職歴で、こうした仕事を専門でやっていたわけではありません。それでもこの仕事を任せてくれる、チャレンジさせてくれるところがニトリの素晴らしいところです。もちろん、必死で勉強はしましたし、まだまだ知識が足りていないことは自覚していて、自主的に勉強は続けています。

若い社員のなかには、専門的なことを早くやりたい、店舗勤務では会社全体が見えない、という焦りがある人もいるかもしれません。しかしそうしたことは、ネットなどで調べればいくらでも知ることはできます。たとえば、日本や世界におけるニトリの位置づけといった外部情報は、いくらでも検索できます。内部の情報も、自社のウェブサイトで組織図やＩＲの情報を見ることができます。しかし店舗の実務は自分が経験しなければわからないことが多いのです。

私自身が店舗に配属されていたときは、周囲の若い社員に、店舗での接客業務がどういうふうに会社の業績、たとえば数字につながっているのか考えてみよう、といった話をしていました。会社が１００だとしたら、会社のなかで今自分が与えられている役割は、どれぐらいの比率なのだろうか、１にも満たないのかな、２なのかな、と、そういったところで常に会社全体のなかでの自分の位置づけを意識しながら仕事をする、これは重要なことです。

職位が上がっていったり、本部に配属になったりすると、役割の比率が一気に広がったりもしますが、それは「どちらが上か下か」ということではなく、どの役割を任せられていようと、自分の職務をひたすら全うするだけです。

配転があったら、次の部署でも同じことを意識してみる。そうしたことを習慣にすれば、自分が進みたいキャリアも見えてきやすいと思っています。

一歩先を意識することで、どんな仕事も面白くなる

人間には大きく3つのタイプがあります。第一は、自ら仕事に積極的に取り組む力のある人。第二は、他人に刺激されて積極的になる人。第三が、消極的で変化のない人です。

チャンスが与えられる人は、第一の積極的なタイプ、すなわち、自分から進んでことをなす人間です。

しかし、生まれもってすべてに積極的な人はごくわずかで、大多数は第二のタイプです。出会った上司や先輩が着火剤になってくれたり、好きな仕事に当たった場合はいいのですが、そうでない場合はどうしたらよいのでしょうか。

まず、自分の与えられた仕事を好きになるということが大切です。たいていの仕事は最初から面白いものではありません。希望する会社に入社したとしても、好きな仕事に就ける人など、一握りです。だからこそ、今目の前にある仕事を、自分から好きになる。意識的にそうする努力をしなければ、仕事の面白さなど永遠にわからないのです。

仕事を好きになるための一番のポイントは、数字と状態を変えられる、その体験をすることです。自分が計画し、実行することで、問題が解決し、あるべき状態へと変わる。その楽しさをまず知るべきです。

そして、できません、無理です、面白くない、やりたくない、といった否定的な言葉、消極的なフレーズは使わないようにする。不平不満を言う前に、その不満を感じなくなるぐらい打ち込んでみるのです。

仕事に熱中して成果が出れば、褒められる。次には新しいチャンスが与えられ仕事が面白くなっていく。すると、さらに努力するという好循環が生まれます。そういう好循環を自ら生み出すことが大事なのです。

入社後、ニトリでは店舗勤務からスタートします。指示された作業やお客様対応に追われ、店舗での業務が目標としている部署にどのようにつながっているのかわからないと悩む人も少なくありません。しかし、自分が将来、着任を希望する部署と関連づけて日々の業務を進めることができれば、一歩踏み込んだ仕事ができるようになります。

たとえば、将来、商品開発に携わりたいなら、店舗にいる間に一人でも多くのお客様の声を聞くこと。入店したお客様が、どの商品の前で立ちどまり、どの部分に注目するのか、商品のどの部分から触り始めるか、お客様が商品を見るときの着眼点を観察する。店舗はお客様と直に接することができる唯一の場です。そうやって、お客様が商品に求めている品質や機能、価格を感じ取り、情報として蓄積していくことで、お客様がニトリに何を期待して来店されているのか、実態を知ることができます。

また、お店に新たに投入された新商品の機能や品質、類似商品との違いなど、商品の特長をつかみ、バイヤーがその商品に込めた思いは何か、なぜこのタイミングでこの商品が投入されたのか、その理由を考えることも新たな気づきになり、将来役に立つはずです。

あるいは、ネットでは売れ行きが不調でも、自店では好調な商品を見つけることで、お客様がどのようにネットと店舗を使い分けているのか推測し、店舗の強みを活かせるようになったり、どの商品がどれだけ売れているのかを各週、過去4週間にわたって予算や前年と比較しながら探ることで、適切な在庫量をとらえる視点が身についていきます。

現場だからこそ学べることは、今挙げた以外にも無数にあります。現場で得た知識は自分の財産になります。したがって、記憶ではなく、必ずメモして忘れないようにしてください。それらの知識が数年後に必ず役立ちます。

将来、自分が希望する分野で活躍できるかどうかは、今の仕事をどれだけ突き詰められるか次第です。今の環境で一歩先の仕事をすることで、自身のロマンとビジョンに着実に近づいていくのです。

逆算して仕事に取り組むことで、やりたいことをやり遂げる力がつく

（ホームロジスティクス　Ｙ・Ａ／２００３年新卒入社）

入社直後、関東地区の物流センターに配属になりました。そのときはＤＣ（ディストリビューションセンター）という言葉を知らず、ショッピングセンター的な、店舗の名前だと思っていたくらいです。

その後、同じ拠点に配属された18人の同期のうち、6人ほどが関西物流センターの立ち上げに選抜されるということだったので、私も手を挙げて参加しました。それから関西方面の店舗や家具をお客様宅に配達する営業所をいくつか経験し、物流センターに戻り、チーフ、アシスタントマネジャーを経て、31歳のとき東日本の物流拠点を管轄するマネジャーになりました。

マネジャーの内示が出た直後、私は自分のやりたいことを１００項目書き出しました。一つひとつはささいなことです。

たとえば、パソコンのデスクトップ画面はこの色で統一する、ショートカットアイコン以外は何も貼らない。デスクの引き出しには必要なものしか入れない。要らないペンは全部決まった箱に入れる。ムダなポップはすべてはがすなど。基本的には「整理・整頓・清掃・清潔・しつけ」の５Ｓに関することです。

物流センターに戻ってすぐに改善したい点が見えたわけではありません。新入社員のときに感じていたこと、配転により他の部署で勤務したことで見えてきたもの、そして再び物流センターに戻って改めて感じたこと、さらに部下を指導する立場でやっと気づくことができたものもありました。

単純な内容でも１００項目をやり遂げるにはスピードが大事です。設定した期限は３か月。生産性を高めて効率の良い物流センターへ変えるプロジェクトの始まりでした。その意欲を社員、そして従業員のみんなに伝え、実際に私がマネジャーになって変わったということをわかりやすくするため、有言実行とし、優先順位は見えるところから進めていきました。

アシスタントマネジャー３人に33項目ずつ振り分け、１項目実行したら私が見に行って、そのつど評価することを繰り返しました。その結果、３か月も経たないうちに100項目すべての目標を達成することができました。そこで、次はみんながやりたいことを10項目ずつ実行すると決めたところ、こちらもみるみる成果が表れました。

こうした取り組みは、誰かに習ったわけではなく、企業文化である逆算思考が染みついているおかげだと思います。生産性が高く、効率的な物流センターにしたいという思いがあって、そのためには3か月でやろうと決めて実行したまでのこと。小さなことが、生産性アップとコスト削減につながると信じた結果なのです。

部署が変わっても、現場で得たお客様第一の視点は生き続ける

（海外販売事業　S・W／1997年新卒入社）

ニトリの配転は、社内での異動なのにもかかわらず、他業種に転職するぐらい、仕事内容が変化することは珍しくありません。転勤が発生して住環境が変わることもしばしばです。しかし私自身は、配転は良いシステムだと思っています。

入社したとき、自分が本当はどんな仕事に向いているかなんてわからないものです。少なくとも私はそうでした。でも配転があると、たとえ今の部署でうまくいかなかったとしても、別の部署に行けば輝けるかもしれない。もちろん逆の場合もあり、そうやって自分の適性が徐々にわかってきます。新しい部署に行くのを契機として、新しい自分にリセットできるチャンスでもあります。

また、他の会社の人の話を聞くと、仕事が嫌になってしまう理由として、職場での人間関係のトラブルも多いようですが、配転があることで人が始終入れ替わ

るので、ニトリの職場は風通しも良いと思います。

　仕事面での配転のメリットは、ネットで検索するときと似ていると感じています。ネットの検索は、検索ワードを数多く知っていれば目的にたどり着けますが、ワードを知らなければ検索できません。仕事でも、自分の身の回りにあってもよく知らないこと、たとえば「チラシのコストはいくらか」「商品を取り寄せる際の納期の理由」など実はとても多いのです。でも、配転で仕事の幅が広がると、今まで知りようがなかったこと、それ以前に調べようとも思っていなかった知識が自然に身につき、それが次の配転で活かせるようになります。

　ニトリの社員は必ず店舗勤務を経験しますが、たとえば、現場経験がまったくない人が本部で数字だけ見ていたら、「青森で突然、売上のトレンドが変わった」「金沢で、婚礼家具が急に１００万円も売れているけど、これ何？」というふうに、理解できないことの連続でしょう。

　青森の場合、人の動きが激しい「ねぶた祭り」の期間中は売上が急に上がったり下がったりします。また金沢は、結婚する際の家具に対しての思い入れが他の地域とは違っていて、婚礼家具にポンと１００万円払うご両親がいたりする。数字を見たときにどれだけ多くのことを想像できるかは、配転による経験の多さと比例します。

店づくりもそうです。陳列棚を見たとき、商品展示のすぐ下に在庫があれば、お客様は迷いなく商品をカゴに入れることができますが、両者が離れていると、在庫を探すことをあきらめてしまうことがあります。商品を綺麗に並べることだけ考え、在庫の場所がわからなければ、接客でご説明すればいいと思うかもしれません。しかし、それでは人件費がかさみます。店舗のコスト構造を理解していて、なおかつお客様が買い物をするときの動きを知っていれば、そもそもセルフサービスでお客様自身が迷わずに買えるような陳列棚になるよう、工夫することができるはずです。知識の幅の違いによって、問題に対する別の対応ができるのです。

私自身、キャリアのなかで店舗からエリアマネジャー、そしてデコホーム（生活必需品を中心に、ニトリのホームファッションのなかでも人気の高いベーシックアイテムを数多く取り揃えている小型店舗）を運営する部署のマネジャーを経験しました。配転の流れを振り返ると、自分がいつも希望として出していた「現場近くで人に関わる仕事をさせてもらいたい」という思いに近いものだったと感じています。

新規事業だったデコホームは、立ち上げにあたり、ローコストオペレーションの実現を目的としました。「300坪、1時間2名の従業員」でできない作業はなくし、従業員の負担をいかに減らすことができるか、観分判を繰り返しました。

商品に付ける説明のポップであるとか、陳列のわかりやすさを追求し、セルフサービスというお客様の買い物の最大の便利さと、楽しさを実現しようとしたデコホームでの試みは、やはり配転による経験があってこそだったと思います。配転しても常に、今取り組んでいる仕事の先にある「お客様の楽しい買い物」を目指し続けてきたので、自分のなかに検索ワードがたくさん蓄積されていました。

ローコストオペレーションの実現は、もちろん会社にとってメリットがありますが、よりラクに働ける環境をつくることで、育児や介護などさまざまな背景をもつ人のキャリアの選択肢にもなれると思っています。

いいと思うことをすぐ採り入れる素直さが、人の成長を促す

前章で、新しいものを発見する、好奇心の大切さについてお話ししました。

新しい商品づくりにチャレンジするなら、自社の商品や他社の商品のラインナップ、テレビや雑誌でどんな商品が取り上げられているか、他の業界のニュースなど、より幅広い知識があるほうがいい。いつ、どこで、どんなモノ・人に出会うときでも、常にアンテナを張っていれば、おのずと知識は増えていきます。

伸びる人は、得られた情報、知識のなかで今よりほんのわずかでも良いやり方があれば、すぐに新しいやり方に切り替える人です。「いい！」と思ったことは、素直に認め、どんどん採り入れていく。過去の成功にとらわれず、今のやり方をスパッと切

り捨ててしまうのです。

ポイントは、すぐに採り入れる素直さがあることです。多くの人はいいとこ取りをしようとしますが、良いところだけを真似しても駄目なのです。やるなら１００％、まるごと全部を採り入れ、問題があればその部分を切り捨てます。ニトリの品揃えがまさにそうです。最初は１００％アメリカの真似をして、調査・実験・観分判を繰り返した結果、日本に通用する部分を残して今に至るのです。

人から何かを学ぶときも同様で、人格的に、能力的に、この人は素晴らしいと思う人がいれば、一挙一動を真似してみるのです。

私自身、チェーンストア理論の日本での普及に多大な貢献をした渥美俊一先生に出会えたことで、人生が大きく変わりました。先生の考えが人生をかけるに値すると素直に信じて、夢中になって学び、一つひとつを形にすべく懸命に努力してきました。

徹底的にしごかれましたが、渥美先生がいなければ今のニトリはなかった。厳しい師匠がいてこそ人生を変えられたのです。まだ師匠と思う人がいないのなら、自分で探して見つける必要があります。

優れた人の一挙一動を100%真似する、そこに進歩がある

（広報部　A・S／2002年新卒入社）

入社4年目に配属された人事部東日本採用部（現新卒採用部）は、自分が希望した配転ではありませんでした。そもそも私は人前で話をすることが苦手。面接で、一対一で話をするということさえもプレッシャーでした。

一番苦労したのが、就職セミナーで就活生の前で会社説明をすることです。ロマンとビジョン、ビジネスモデルを相手に理解しやすいように話すのはもちろん、自分の経験を交えて、自分の言葉で、大勢の前で話すことがどうしてもうまくできませんでした。

悩んだ私は、周りの同僚を観察しました。なかでも、同期ですが、私より採用部の経験が1年先輩になる彼の説明には、学生を惹きつける力がありました。ニトリのブースを通り過ぎようとする人が、彼が話し始めると足をとめるほどです。

私と何が違うのか。私は彼を真似してみようと思いました。まずは、彼が説明に使っている資料を真似するところから始めました。資料に沿って説明することで、話の流れは良くなりましたが、彼の魅力ある説明とはまだ何かが違います。

学生が顔をあげて話に聞き入るポイントはどこか。それは、彼が自分の経験を話すとき、就職を決めた理由や、社会人の先輩としてのメッセージを送るときとわかりました。そのときの彼の言葉の強弱の付け方や表情、目線やしぐさなど、すべてに自分との違いがあると気づいたのです。そこで私は、それについてもすべて真似してみることにしました。

次第に、資料だけ真似してもうまくいかなかった理由がわかりました。資料は彼が学生に何を伝えるべきか、話し方まで含めて考え抜かれた意図あるもので、その資料をそのまま使うだけでは、魅力ある説明まで真似することはできなかったのです。

最初は言葉に詰まったり動きがぎこちなかったりしました。しかし、何度も何度も反復することで、いつの間にか自分らしい説明、自分にしかできない説明となっていきました。そうして私は「優れた人の一挙一動を真似る」という効率の良い学び方を修得したのです。

想定外の仕事に真摯に向き合うことで、新しい学びが生まれる

（複合施設準備室　M・M／2002年新卒入社）

２０１６年６月のある日、私は人事から、新しいプロジェクトを担当してほしいと言われました。その時点では「何をやるのか、会社としてもわからない」ということです。それがすんなり受け入れられたのは、もともと新しいことを始めるのに抵抗がないという性格と、新店２店のオープンに携わるなどそれまでも新しいことへの挑戦を多く経験してきたからです。加えて、目の前のことに対して正面から向き合える、素直さのようなものを会社に認められたからかもしれません。

そして翌月、美術品や工芸品を収集・展示する「小樽芸術村」の支配人として着任することになりました。当時は「ステンドグラス美術館」のみのプレオープンでした。私は札幌のエリアマネジャーでしたから、このままゾーンマネジャーを経験して、商品づくりもやってみたいな、などと思っていたのですが、思いも

しなかったキャリアを歩むことになりました。

場所は、北のウォール街と呼ばれ、約１００年前の銀行建築などが多く残っている北海道の小樽。２０１７年には似鳥美術館、旧三井銀行小樽支店も加わり3館体制となり、グランドオープンしました。美術館を設立したいという思いは10年以上前から似鳥会長のなかにあったそうです。それは、持ち主が他界し、行き場がなく宙に浮いていた多くのステンドグラスを、会長が意気に感じて長く保管していたからでした。

慣れない業務で戸惑うことも多かったのですが、工事直前での図面の全面変更など紆余曲折を経て、ようやく美術館が完成しました。

美術館にはミュージアムショップがあるので、ガラスが有名な小樽にちなんだガラスの土産物を開発するために、中国の広州交易会に出かけるなど、やりたいことのひとつであった商品づくりに近いことにもチャレンジしています。もちろん大変なこともありますが、自分が描いていたキャリアでは到底経験できなかった新しい業務の連続でも、めげることなく毎日楽しく働いています。

また、視点の変化により気づいたこともあります。今まで社内から見ていたニトリを、美術館の支配人として外部から見ることで、地域住民からの期待値の高さや、影響力の強さに改めて驚いています。会長の「自分の出身地である北海道に貢献したい」という思いが、住民の方々に伝わっているのを感じます。美術館完成後も、2018年には小樽市にある銀鱗荘という宿泊施設を、翌年には会長個人で余市町の果樹園を運営し始めるなど、さらなる地域振興への取り組みを始めています。

私が若い皆さんに伝えたいのは、自分の能力でやれる限りはまず、与えられた物事一つひとつに全力で取り組むということです。20年、30年後の自分自身の未来がなかなか見えないなら、3年、5年ぐらいの、近い未来の自分をイメージしながら業務に励んでいく。店舗にいるなら店長であったり、本部にいるなら直属のマネジャーだったり、そういう、イメージができやすい身近な人を目標において、自分の職務に取り組んでいくのがいいのではないかと思います。

特に、「あの人みたいになりたい」、そういう人を見つけられればラッキーです。そういうふうになりたいと思えば、人間って結構、何でも前向きに、熱心になれますし、変わっていけるものなのだと思うのです。

まずは与えられた仕事を完全に果たし、期待に応える

会社は、一見つまらないと思われるような仕事の上に成り立っています。その基本的な（本当はとても重要な）仕事を満足にできない人に、それ以上の仕事をさせるわけにはいきません。

入社直後の新人は、まず1年間、与えられた仕事を覚え、先輩の仕事ぶり、知識やノウハウをどんどん盗んでいく。どんなにつまらないと思われる仕事でも、全力で正面から取り組むことが求められているのです。その後20代のうちは、あらゆる作業を自分自身でマスターし、あらゆる角度から観察する力をつけることに注力する。30代では見つけた課題に挑戦し、調査や実験による分析を行ない数字を変えられる改善改

ニトリの人材育成方針

年齢	必要な技術と自己育成テーマ		達成レベル
20歳代	Operation （オペレーション）	作業を マスターし、 その理論を学ぶ	① 決められた通りの作業が完全にできる ② 採用される提案ができる
30歳代 （改善の時代）	Control （コントロール）	課題に挑戦する （調査と実験の繰り返し）	① 命令を作業に翻訳できる ② 数字を変える方法を学ぶ
	Manage （マネジ）		① 部下の作業割り当てができる ② 部下の教育ができる
40歳代	Management （マネジメント）	数字を 良いほうに 変化させられる	① 創造できる（仕組みがつくれる） ② 数値責任を負える
50歳代	Administration （アドミニストレーション）	将来対策が できる	① 5～10年後のあり方で現在を判断できる ② 全社的な効果で考えることができる

渥美俊一『チェーンストア能力開発の原則[全訂版]』をもとに作成。日本リテイリングセンターのご協力を得た

革ができるよう経験を重ねる。そして40代では、現状を否定し新しい仕組みをつくり、50代では将来への対策ができるようになる。各年代で求められる期待に応え、上回ることではじめて、ビジネスの場でプロと認められるのです（183ページ図参照）。

若い社員のなかには、上司からの命令を果たさないで、文句だけ言う人がいます。しかし、与えられた仕事を期限内に、求められているレベルで完全に達成すること自体が、まず難しいのです。仕事を任されたら、まず計画を立てる。状況に応じて計画を修正しながら、必要な報告を上司に入れる。よく、指示を受けっ放し、仕事をやりっ放しということがありますが、それでは任せられた仕事を完全に果たしたことにはなりません。必ず進捗や結果を上司に報告し、承認を得ることで、仕事は終わるのです。

若い社員はこうした基本を全身で覚えたうえで、期待に応え、さらに期待を上回るよう取り組むのです。

自分の力で何かをやり遂げた経験を一つ積み重ねていくたびに、目つき、顔つきに輝きが増していきます。単なる人の話の受け売りではなく、自分自身の経験と結びつけ、自分の言葉で、自分の考えをはっきりと主張できるようになっていくのです。

仕事の優先順位を決め、最重要課題に集中する

前章では仕事に取り組む順番として難度の話をしました。一番難度の高い課題から挑戦し、解決するほうが、仕事は面白いのです。

難度のほかにも、仕事には優先順位があります。効率よく仕事を進められる処理能力が高い人には、大きな仕事やチャンスが集まってきます。そのすべての業務や各部署からの依頼を一度に実施するのは難しいのです。だからこそ、優先順位を見極めて、取り組む順番を決める。優先順位が低いものはやめてしまう勇気をもつことが重要です。

処理能力の高い人は、フル稼働で仕事している状態で、さらに仕事の量が3割増えたとしても、常に優先順位を考え、それまでの仕事のうちの重要度の低い仕事をやめ

る、または人に任せるなどしてこなしてしまいます。どれも大事な気がして抱え込みすぎると、結局どれも中途半端になり、かえって悪循環を招きかねないのです。

大切なのは、最重要課題を見極めることです。今手元にある仕事のなかで、達成したときの成果が大きいか小さいか、なおかつ自分が実施する必要があるか否か、期限によって緊急なのか否かなど、優先順位を決めて順番に取り組まないと、処理能力は高まっていきません。

組織の上に立つ者ほど、優先順位なく、手当たりしだいに仕事を進めてはいけません。効率よく仕事を進められる体制が取れるよう、自部署の課題に対して優先順位を決め、マネジメントする必要があります。

仕事の内容によっては、1人でコツコツ進めるべきか、増員して一挙に終わらせるべきか、それを誰にさせるべきかまで考え、指示を出す。部署全体の生産性を上げるためには、優先順位を決めて取り組むことが必要不可欠なのです。

常に意識するのは、緊急度と重要度、そして上司の思い

（社長室　K・N／1992年新卒入社）

私は入社後、3か月の店舗勤務を経て秘書になりました。当時ニトリは北海道のローカルな企業で、秘書も私1人でしたが、会社の規模が拡大し、関東へ出店。勤務地が変わり、一緒に働く仲間も増え、環境は大きく変わりました。

上司の業務がいかに漏れなく、問題なく回るか、それが秘書に求められる仕事です。上司が困ることなく、問題なく過ごせるようにしなければなりません。最も大切なのは、スケジュールのなかに差し込まれてくるイレギュラーなことを含めて、いかに優先事項が先になるように折り合いをつけていくか、というスケジュール管理です。

似鳥会長は特に「今やる」「すぐやる」を重視される方なので、優先順位をつけるのに苦労することもあります。

こうした上司のスケジュール管理や、上司の先回りをして必要な段取りをつけるなど、秘書の仕事というと、ほかの業務とはかけ離れた特殊な内容をイメージされることが多いものですが、実はそんなことはありません。

日々の仕事が進んでいくなかでは、どのような業務であっても、想定していた計画とは異なる、イレギュラーな出来事が常に発生するものです。それにいかに機敏に対応するかということは、秘書でなくても、またニトリという会社でなくても、ビジネスパーソンにとって共通する部分があると思っています。

イレギュラーなことが起きたとき、まず何を優先させるかは、期日が迫っているかの「緊急度」と、どれだけ大切なことかの「重要度」とを見極めることだと思います。秘書の場合、それにプラスして「上司の思い」という判断基準が加わります。それを踏まえて、周りへの影響の大小、希少さを考慮し、自分しかできないことと、他の人に頼めることを分けていきます。

秘書としての経験が浅いころは、スケジュールを管理するうえでイレギュラーなことに対して何を差し替えるか、それらを一つひとつ書き出し、机の上で並べ変えてみることで判断していました。それでも若い頃は「重要度」や「上司の思い」というところを汲み取ることが難しく、迷ったときには、合間を見つけてはすぐに上司に確認していました。上司に確認するのは少し勇気がいることでしたが、間違った方向に進んでムダなことをするよりは、はっきりわかってから動き出すことがゴールへの近道と思ったからです。

長く秘書を務めるなかで、私がもう一つ心がけていることがあります。それは、特に「悪い報告」ほど速く伝えること。そして、「これはできませんが、こういう方法はどうでしょう?」と代わりの提案をいくつか用意するということです。

そうするようになったきっかけは、自分が仕事を進めるなかで困ったときに、こうした対応をしてくださる方に助けられた経験があり、同じようにありたいと感じたからです。

会長はよく「『できません』で終わる報告なら聞きたくない」と言います。そもそも上司に対して「できません」という報告のみをするのは失礼ですし、実は代替案を用意するために、調べたり分析したりすると、知識の幅が広がって、指示されたときは到底できないと思っていたことも、できてしまったりするのです。

今は子会社も増え、秘書としての守備範囲は広くなり、業務内容が複雑化しています。そういうタイミングだからこそ、イレギュラーなことと日々向き合いながらも、優先順位を正しくつけることで、今後さらに拡大していくであろう会社の規模を見据えて、チーム全体の仕事がもっと効率的にできるような、業務ツールの導入なども考えていきたいです。

短所を直すよりも先に、長所を伸ばせばいい

自分の不得意なことを克服すると、一回りも二回りも成長する。これは確かに一理ありますが、人はすぐに不得意を克服できるほど器用ではありません。私は、「短所を直すよりも、長所を伸ばせばいい」と思っています。

コンプレックスは誰にも少なからずあると思いますが、あまり気にしないことです。それを気にしすぎると、不要な心配や回避するための回り道で、なかなか結果に結びつけられないといった状況になりがちです。そんなことより重要なのは長所なのです。自分の長所は何か、これは早く見つけるべきです。

自分で長所に気がつくことができれば一番いいのですが、人は、自分の短所には自

覚があっても、長所には気づきにくいものです。今まで述べてきたとおり、自分の仕事への適性や向き不向きというのは、いろいろな仕事に挑戦しさまざまな経験をすること、ニトリでいえば配転を繰り返しながら徐々に見えてくるものなので、まずは上司に聞いてみるとよいでしょう。

だからこそ、どの会社でも上司と呼ばれる人がすべきことは、部下の短所を見つけあげつらうことではありません。その人がもつ短所が、社会人として直すべき致命的なものなら別ですが、そうでないならば、世間のイメージや固定観念にとらわれて無理に改めさせようとすると、人材を駄目にしてしまうことにもなりかねません。

不得意なことを無理にさせて短所を克服させるよりも、得意なことをどんどんさせる。部下を観察し、長所を見つけてさらに大きく伸ばすことは、強い組織をつくるうえでも一番の基本です。

欠点ばかりに目を向けず、今できることから自信を養っていく

（広報部　T・K／2013年新卒入社）

私は店舗と新卒採用部を経験し、現在は広報部に所属しています。広報部はニトリという企業の活動を、商品やサービス、社会貢献などの観点から、広く世の中に報せることを目的とする部署です。自分が進めている案件とは別に、マスコミ対応やリスク対策などの突発的に発生する仕事も多いため、計画性はもちろん、リスケジュールやセルフコントロールが非常に重要となる職務です。

それにもかかわらず、私は本来、期日に対して計画的に物事を進めることが苦手な人間です。ニトリはそれを重んじる会社ですし、社会人としてこれができないのは致命的です。実は、新卒採用部のときにはこの短所が原因で大きな失敗をし、仕事に対する自信をなくしたこともありました。

採用部では主に、内定者へ向けたイベントの企画運営を担うチームの一員でし

た。先輩社員が決めた大まかな年間のイベントスケジュールのなかで、宿泊イベントの主幹を務めることになりました。

進め方のマニュアルがあるわけではないため、前年の似たイベントの資料をもとに手配をするしかないのですが、どこからどう取り組んで進めてよいのかがわからない。先輩から進捗を聞かれても、今が全体のやるべき業務のうち何%できたのかもわからず、曖昧な報告しかできない。ニトリには夏季に11日間、冬に8日間の長期休暇があるのですが、準備もままならないまま設定されていた夏季休暇の前日をあっという間に迎え、引き継ぎを残すことになりました。引き継ぎといっても、何も進んでいないような状態です。先輩や同じチームの同期に申し訳なかったことはもちろんですが、「どうしてよいかわからない」という理由で、計画を立てることも実行することもできず、結果としては何もしなかった自分に嫌気がさしました。

もう他の部署に異動かもしれないと思っていたとき、上司にひとつの仕事を任されます。それが自分の短所に改めて向き合う良いきっかけとなりました。

ニトリには当時27（現37）もの部署がありました。任された仕事は、新入社員や若手社員がさまざまな部署を知るきっかけになるよう、各部署のマネジャーの講話動画を、社内教育ツール上に公開するというものでした。講話を着任したばかりの採用部社員が聴講することで、会社への理解を深める目的もありました。
アップロード日に向けて、多忙なマネジャー陣のスケジュール調整、視聴場所の確保、会場準備や聴講する採用部社員への教育、動画編集など、さまざまな要素を一人で計画し遂行しなければなりません。この業務のなかで私は、計画的に物事を進められないという短所を自覚したうえでスケジュール表を作成して、リスケジュールを含め、克服とまではいわないまでも、セルフコントロールすることができるようになりました。

上司がこの業務を私に任せてくれた理由は、たとえそれが自分とはかけ離れた立場や年齢の方、初対面の方であっても、コミュニケーションによって仕事を円滑に進められる、その部分を評価してくださったのだと後から聞きました。短所にもきちんと向き合わせつつ、良い部分を伸ばそうとしてくれた当時の上司には、今でも感謝しています。

自分に自信をなくし、致命的な短所を抱えたまま次の部署に配属されていたら、現在の仕事に対する向き合い方はきっと違っていたと思います。

謙虚さを身につけて、自己変革を続ける

会社にとって、自分は仕事ができるほうだと根拠もなく考えてしまう、謙虚さがない人、危機感のない人がいることは危険です。

最初は努力するものの、功成り名を遂げたとたんに、威張って傲慢になってしまう。そして、いつの間にか表舞台から去っていくような例を、よく見かけます。なぜそんなことが起こってしまうかといえば、物事が順調に運んでいることで、根拠のない自信をもち、謙虚さを忘れてしまうからだと私は思います。

自分は賢いとうぬぼれている人は、往々にして人の意見を聞かず、たとえ聞いても反発するものです。仕事でミスをすれば、「自分が悪かった」と反省するよりも、自

分以外の人に責任があると言い訳が先に立つのです。

考えればわかることですが、自分にとって耳の痛い言葉でも、素直に人の意見をよく聞き、自分のいたらなさを認め、自分に落ち度があったことを反省し、自分自身を客観的に見ることができる人のほうが、成長するはずですし、周囲も援助してくれるはずです。仕事がうまくいっても決して慢心することなく、謙虚さを忘れず、前に進んでいくことです。

会社が追い風にのって順調だと、社内にいる人は油断します。本来なら、仕事において常に念頭におくべき「このままだと、競争に負けてしまうのではないか」「ひょっとしたら、お客様に喜んでいただけていないのではないか」「今のままでいくとロマンを実現できないのではないか」といった危機感を忘れてしまいます。

常に、自分に対してシビアな見方をしていくことです。もうこれでいいと思ったとたんに負けてしまう、勝負とはそういうものです。

自分が目標とするキャリアや、仕事のゴールに向かって成長し続けられるかどうかは、結局は自分に克てるかどうかで決まるのです。

人から学び、知識の幅を広げ、新しい挑戦への扉をひらく

（社長室　Ｙ・Ｙ／２００５年新卒入社）

私は4年ほど前から社長室ＣＳＲ（企業の社会的責任）グループで、幅広いステークホルダーの方に信頼される企業であるための活動をしています。

ＣＳＲ活動に従事するにあたり、さまざまな企業が発信している資料や本を読み勉強しました。社外の方との意見交換なども積極的に行なうにつれ、当時のニトリではまだ取り組みが明確化されていなかったＥＳＧ（環境・社会・ガバナンス）やＳＤＧｓ（持続可能な開発目標）といった言葉に頻繁に触れるようになりました。それらの意味や他社の取り組みを調べるうちに、これからのＣＳＲ活動、および企業ブランディング強化には、この要素が必要不可欠だと確信しました。

タイミングよく、トップから企業の活動をまとめる年度レポート作成の指示があり、コンセプトや主管者を決めるにあたり、私は自ら手を挙げて上司を説得し、

レポート作成と同時にＥＳＧやＳＤＧｓへの取り組みも一緒にスタートさせました。これをきっかけに、今ではＥＳＧやＳＤＧｓについて、多くの関連部署に協力を仰ぎ、密に連携しながら取り組みを進めています。

しかし、学生時代、私は上昇志向が強い人間ではなく、入社当時も「同期のなかでも真んなかくらいでいいか」と思っていたほどです。そんな私が自ら手を挙げて、積極的に仕事に挑戦するようになったのは、ニトリの企業文化が私のやる気に火をつけてくれたからだと思っています。

すごいと思える人に出会ったら、その人から得たことをすぐに実行する、そうした素直さ、謙虚さが大事だというのは、似鳥会長がよく言う項目のひとつです。私は、どんな人にも自分にはないすごいところがあると思っています。これは人に対しても、仕事に対しても同じです。

若手社員は仕事のなかで、ときに「どうして先輩や上司はそんな間違った判断をしたのだろう」と感じることがあると思います。自分の１、２ステップ上の仕事をしている上司や先輩は、少し頼りなく見えてしまうものです。自分ならもっとうまくできると思ってしまうのです。しかし、その立場になってみないと、上司や先輩の苦労というのがわからない。自分は本当に上司の重圧や責任、言っていることの意図をわかっているのだろうかと、まず自分が反省し、真摯に向き合うことが大事だと気づきました。

さまざまな人と前向きに接し、すごいと感じたらすぐに取り入れていく。そうすることで自分の能力を更新し、知識の引き出しを増やしていくと、今までは考えもつかなかった、もしくはできなかったことに取り組みたいと望めるようになります。

新しいことに挑戦しようとするとき、よく、「出る杭は打たれる」といいますが、ニトリはそうした社員を引っ張り上げてくれる会社です。まず自分でよく調べ、考え、語れる数字をもった後で、会社のためにやったほうがいい、なぜ必要なのか、ということを正確に伝える。たとえ相手にとっては追加の仕事になってしまうことでも、方向が間違っていなければ、だれもが前向きに協力してくれます。

自分のやりたいことを発信し、実現に近づけていくなかで、それが会社のロマンの実現のために必要なことのひとつになっていく。こうした経験が自分を成長させ、また次の仕事へのモチベーションにつながっていきます。

第4章

コミュニケーション
Communication

——右手にそろばん、
左手に義理人情

目的、道具、動作、手順、期限を明確に伝える

仕事で指示を出すのであれば、作業の目的や方法を妥当な根拠をもとに、誰が聞いても納得できるよう、相手に合わせてわかりやすく伝えるスキルが求められます。しかし、私たちが普段使っている言葉には、状況や文脈によって意味が変化するために、誤解を生んでいることが多くあるのです。

たとえば、「なるべく早くやっておいて」と伝えた場合、これだけでは優先度や期限が不明瞭なために、言われた相手の受け止め方によって、進み具合に差が出てしまいます。現実に、言った・言わない、言っていることが違うなど、コミュニケーション上の問題の数々は、不完全な伝え方が原因で起こるのです。

こうした問題は、相手とのトラブルを引き起こしたり、指示した内容と違う作業を進めてしまった場合は、再度説明し、やり直すなど大きなムダが発生します。これを避けるため、伝達、指示には「目的、道具、動作、手順、期限」を必ず入れることが重要なのです。内容は具体的にし、誰が行なうのか、役割分担も明確にします。

こうした伝え方を習慣化するには、できるだけ短い文章にして、区切って話すよう意識することが有効です。

また、伝えて終わりではなく、伝えたことを相手がきちんと理解しているか確かめるために、相手に内容を復唱してもらいます。自分が上司や先輩から伝達された側であれば、理解した内容を復唱し、「〜ということでよろしいでしょうか」と確認しましょう。

仕事をするうえで、コミュニケーションは欠かせないものです。お客様や同僚・他部署の人、上司や部下など、周りのさまざまな人たちとうまくコミュニケーションをとることが、顧客満足度の向上、部署間の連携強化、業務効率の向上につながります。

究極のコミュニケーションツールはマニュアルです。読めば誰でも理解できるように書くことで説明は不要になり、誤解を生まなくなります。

地道に信頼を築いていくことで、互いに利する交渉ができる

交渉の鉄則は2つあります。まず「あきらめないこと」、そして「相手との信頼関係を築くこと」、これに尽きると思います。大半の人は、交渉事の際、2、3回断られたら、脈なしと判断して止めてしまうでしょう。しかし、4回目からがスタートです。3回目までは自分という人間について知ってもらうための挨拶にすぎないのです。粘るという姿勢を貫けば道は開けてくることを、私は何度も経験してきました。

訪問回数を重ねるからこそ、断られても、信頼関係が築かれていきます。そのうちに、相互に利のある提案ができるようになるのです。この重要性を理解せず一度や二度であきらめてしまうというのでは、何もしていないのと同じです。交渉事には必ず

競合他社の存在があるはずですから、競合他社より訪問回数を積み重ね、断られても決して簡単にあきらめてはなりません。

ニトリ創業後間もないときのことです。当時、私は家具の仕入れに専念していましたが、最初にぶつかった壁は、商品を問屋から仕入れる以上、他の家具店と同じ販売価格になってしまうことでした。

そこで、問屋からではなくメーカーから直接商品を買い付けようと考えたのですが、当時は前例もなく、小売店に対して家具を直接売ってくれるメーカーはありませんでした。

私は、冬に現金をもってメーカーを訪ねていくことにしました。北海道では真冬になると雪が降り続くため、荷動きが悪くなります。実際、12月から3月ごろの雪の積もった倉庫のなかには、在庫が山のように積まれているのです。この時期のメーカーの売上高が芳しくないことはすぐにわかります。

まず、「こんにちは。家具を売ってくれませんか」とお願いにあがります。すると、「うちは問屋との取引だから、小売店に売るわけにはいかない」と言われます。そう返されるのがわかっているので、現金を持って行くのです。
「即金で買います。私が車で引き取りに来ますから、どうでしょうか」
1回きりの飛び込み営業ならば、間違いなく断られてしまうところです。しかし実は、これが初めての訪問ではありません。夏のうちから何度か足を運び、あらかじめ顔見知りになって、相手の悩みを聞き出せるくらいの人間関係をつくっておいたのです。

自分が信頼できる人間であることを相手にわかってもらい、メーカーにとって冬場の売上高減少という大問題を解消する提案をすることで、売ってもらうことができました。また、こうした取引が順調に進むうちに、次に需要が落ちる7〜8月にも家具を少しずつ分けてもらえるようになりました。

ちなみに、相手との距離を縮めるのに一番効果的なのは、相手が何に悩んでいるかを知ることです。もちろん、本当に悩んでいることは、そうやすやすと引き出せるものではありません。だから私は、まず自分自身の悩みを相手に打ち明けるようにしています。そうすることで、相手も自然と悩みを教えてくれるようになり、信頼関係ができていきます。

誠心誠意、仕事に打ち込んでいく熱意が、人の心を動かす

（商品部　M・W／2007年中途入社）

私は39歳で中途入社して商品部に配属されました。入社前は大手子供服メーカーで働いていました。転職の動機は、仕事人生の後半20年で、新しいことに取り組んで自分の幅を一気に広げ、お客様を感動させるものづくりがしたいと思ったからでした。どうせなら異なる業種でチャレンジしようと、ニトリに入社しました。

ニトリでは、ホームファッション商品を分類するに当って素材をベースに、たとえばクッションや布団といった繊維製品は「ソフト」、食器や花瓶といった硬い日用品を「ハード」と区分けしています。私は２０１２年ごろ、44歳のときにハードのバイヤーマネジャーに着任したのですが、ソフトに比べてハードはそもそも品種が少なく、売上高も大きく劣っており、対前年予算も目標未達の状態でした。

しかし、新たに着任した上司のゼネラルマネジャーと「業績を伸ばし続けているニトリがさらに成長するには、ハード分野の拡大がカギになってくる」ということで意見が一致したこともあり、２０１５年、売上高構成比が18％だったハードの割合を増やす、それも倍増させる、という目標を掲げました。

このとき目指したのは世界基準です。かつてアメリカの同業他社の店舗に行って店舗内の品目数と陳列棚の数を調査し、ニトリの店舗とのギャップが大きいのは、バス・トイレ用品、装飾用品、フラワー・ガーデン用品といったハード分野だということが明らかになっていたのです。ニトリではハードの品目数を2割以上増やさないと、アメリカの店と同じ構成にならないことがわかっていました。

目標達成のためには、まず不足する品種を増やし、増えたことがお客様に伝わるよう、売場面積を拡大する必要がありました。結果、拡大した売場を維持していくためには、ハードの品目数を約１７００増やすことになったのです。しかし、部下からは「そんなに品目数は増やせない」と、ソフトの担当者からは「好調なソフトの売場を犠牲にしてまでハードの売場を拡大するのか」と反対が少なからずありました。この改革はすぐには受け入れられず、賛同者はゼネラルマネジャーと私、一人の部下の、合計３人からのスタートとなりました。

「日本で戦っているのに、なぜアメリカを基準とするのか」という反発もありましたが、ニトリが目指しているのは、常に世界基準です。「世界で戦う」という目標からはブレることなく、似鳥会長がよく「失敗したらやり直せばいい」と言うように、部分的であっても賛同を得られたところから、スピード感をもって進めていくことにしました。

「今まで誰もやったことがない試みだけれども、日本を基準にしたプロトタイプでは世界では戦えない。基準自体を変えよう」ということを、根気強く、地道に伝え続けました。じっくり話してみると、「確かに今後のために、ハードの商品の売上高構成比を上げる試みは必要かもしれない。たとえば、大きな布団の売場をなくすことはできないが、今ほどの面積は必要ないので、縮小するなどすれば、場所は作れる」と、反対していたソフトの担当者から、売場を作るための提案をもらえるようになっていきました。

　いよいよ、実験的に２つの店舗で、売場のレイアウトを変えることになりました。いい変化があればそれを社内で共有し、すぐに他店にも広げる、うまくいかなかったら変える、これを徹底しました。

変化を感じたのは、店舗のパート従業員が「装飾用品など、いい意味でニトリらしくない商品が増えて楽しい」と、売場に今まで以上に興味をもってくれるようになったことです。今までの、どこか味けないハードの売場とは違い、華やかな雰囲気になっていきました。

はじめの2店舗が6店舗になり、20、30と増えていくにつれ、数字でも効果が見えてきました。心配していた、売場を減らしたソフトの売上高が減るということはなく、ハードを増やしたぶんの売上高が増える、純増が達成できたのです。勢いがついたことで、さらに賛同者は増えていきました。

ハードの品揃えを充実させたことは、その後の企業戦略の武器にもなりました。近年、ニトリがコンパクトな都市部の店舗を増やすなかで、売場面積の小さい店舗でもソフトのクッションや寝具からハードのキッチン、収納、清掃、装飾用品までバラエティ豊かな品揃えに対応できるようになったのです。現在では、ソフトに比べ倍以上ひらきがあったハードの売上高が、ソフトの売上高に肉薄する月が連続するほど、ハード部門の拡大は好調に推移しています。

大きな改革であればあるほど、反対意見は次々と現れます。そんなときに、重要なのはコミュニケーションです。これは私の性格なのかもしれませんが、必要だと思うことについては、あきらめずに熱く語って、相手の心を動かすことも必要だと思っています。

とくに私のような中途採用者は、当然のことながら、社内の人間関係がゼロのところからのスタートです。このハード拡大への取り組みで、社内のさまざまな部署に属する人とコミュニケーションを積極的にとったことで、私という人間を知ってくれる人が増えた。それは、今の私にとって非常にプラスになっています。

現在は商品部のゼネラルマネジャーをしていますが、これは現場とトップとの間をつなぐ役割でもあります。私が部下と上司の立場の両方を経験して実感しているのは、上司というものはときどき、直感で発言することもあり、それは聞いている側にとっては、突拍子もないことに感じられるということです。

上司は、少しでも部下の力になろうとして行動しています。しかし、それが部下に伝わらないことも多く、ある意味、上司は孤独なものなのです。自分への不満が人づてに伝わってくると、すごくこたえます。

そんな上司に対して、部下には命令を果たす責任があります。上司が放つ抽象的な言葉に対して、わからないから受け流してしまうということはせずに、それを具体化する質問を行なうことです。ただ、そのときは「意味がわかりません」「どういうことですか？」と漠然と聞くのではなく、自分でも少し考えて、「今おっしゃったことはAということでしょうか、Bというふうにやってみようと思うのですがいかがでしょうか」と聞くのが得策です。

上司の命令が突拍子もない内容だと感じても、現場の状況を踏まえた自分の意見と合致する部分を見つけ、上司の考えを整理しながら命令を実行できる具体的なものにするのです。そして進むべき方向が決まってしまえば、その実行に対しては上司が責任を取ります。

若い方には、自分が働いている会社にはまだまだ伸ばせる余地があると、もっと広い興味と深い好奇心をもち、「新しいことを成し遂げたい」そんな熱い気持ちをもって積極的に周囲とコミュニケーションをとって行動してほしいと思っています。そうすることで、それらはすべて、身についていくのです。

周りの人に助けてもらうことも、大切なビジネススキル

（商品部　N・O／1996年新卒入社）

現在私は商品部でチーフバイヤーをしていますが、マーチャンダイザーだった時代、ベッドのマットレスを圧縮してロール梱包にする商品の開発に携わり、それがヒット商品になった嬉しい経験があります。

発端は「ベッドのマットレスを今より小さく、効率よく運べるようにせよ」という上司からの命令です。マットレスは人気商品のため数多く売れます。しかし輸送や保管の際にかさばってしまうことが欠点です。ニトリは製造も物流も自社でやっているからこそもっと小さくできれば、海外工場からの輸入や、お客様のお宅への配送など、さまざまな場面で便利で低コストにできるのに、ということでした。

「どうすれば実現できるかを考える」というのがニトリ流です。今までにない、

想像もつかないようなことであっても、どうやったらやれるのか考える。「できません」という答えはありません。「こうすればできる」を導き出すのです。

そこでまず、「まとめて圧縮して、小さくして運ぶ」方法を模索しました。1年間試行錯誤して、マットレスを20枚重ねで圧をかけて真空にすることで、薄くすることにしました。それをコンテナで輸送し、日本の物流倉庫で開けてみると、はじめは立ち会った担当者から「すごい」と言ってもらえたのですが、商品を出そうとしてみると強い反発力がかかっていて非常に危険だという指摘を受けました。輸送の過程で圧縮がだんだん取れてくることで、マットレスを挟んで留めている鉄のバンドに、20枚ぶんのマットレスが元に戻ろうとする力がかかっていたのです。危険があっては元も子もありません。別の方法を考えなければなりませんでした。

圧縮する、という方法を活かすとすれば、次に考えられるのは、まとめてではなくマットレスを1枚ずつ分けてサイズダウンすることです。この方法なら、輸送時だけでなく、販売のときにも省スペースで済みます。結果的にはこの方法が1年半の製作期間を経て実現するのですが、途中、手詰まりになったとき、大きなヒントをくださったのは、取引先のひとつであった中国の工場の方々でした。日々、マットレスの生産に携わっているプロフェッショナルが、輸送時のサイズダウンに興味をもち、奔走してくれたのです。

工場の方々からの提案内容は、１枚ずつ圧縮して終わりではなくロール状に巻いていくというものでした。実現すれば、お客様がロールアップしたマットレスをそのまま持ち帰ることができるかもしれない、と、物流面だけでなく、お客様の利便性も高まる革新的なアイデアに感激しました。

試しにサンプルを作成してみると、パッケージを開封したとき、マットレスが完全に復元しないということがわかりました。原因は、圧縮した後、機械でロール状に巻いていく際に、力がかかりすぎてしまうとのことでした。

機械でなく人の手で巻けば、開封したときに圧縮から１００％戻る、ということがわかると、工場の方々は「手巻き」の作業に必要となるスタッフを確保し、１枚ずつ手巻きしていく方法で生産しようと提案してくれました。専属のチームが編成され、次々と完成品ができあがっていきました。

今では機械も改良し、圧縮だけでなく巻く工程も自動化していますが、当時のその判断と提案には、とても助けられました。ロールアップの提案から人員の手配まで、親身になってくれた彼らの協力がなければ実現しなかった商品です。その工場とは、長い時間をかけて信頼を築いていました。お互いが困ったときには力になるという、ビジネスパートナーとしてのつながりを形成し、維持し続けていたゆえに、得られた成果だと感じています。

こうして2014年、従来のマットレスの4分の1の圧縮ロールマットレスが完成しました。シングルサイズは狙い通り、お客様自身で持ち帰れる大きさになり、自宅で開封すれば、100%元の大きさに復元してその日から使える、という画期的なものでした。

社内の最初の反応は、「圧縮して持ち運びやすくなったのはいいとして、本当に元の大きさに復元できるのか?」というものでした。意識を変えることの難しさを感じたので、百聞は一見にしかず、まずは動画を撮って各店舗の店長に向けて研修を行なうことから始めました。動画で問題なく復元できることが確認できると、「この技術は他の商品にも使えるんですか?」という前向きな反応に変化していきました。今では、構造上できないものを除いて、圧縮ロール化を導入しており、自社工場であるニトリファニチャーでは、取り扱っているマットレスのおよそ80%が圧縮ロールされた状態で出荷されています。

最初に開発したマットレスは、経費削減がポイントになり、社内で社長賞を受賞しました。シングルのマットレスは、もともとの厚さが20センチあり、１つのコンテナあたり約２００枚輸送できますが、圧縮することで１コンテナ約８００枚の積載が可能になり、積載効率が4倍アップしたのです。コンテナ輸送だけで年間７０００万～８０００万円の経費を削減し、その後の保管等のコストを合わせると、１億円は経費の削減に寄与しました。

また、この商品は、２０１５年度のグッドデザイン賞を受賞することにもなりました。授賞理由として、お客様が持ち帰ることができるメリットと、コンテナそのものの本数や、それを輸送するトラックを減らせたことによるトラック不足の状況の改善。そしてそれらがCO_2削減により、環境への配慮に貢献したという点も挙げていただきました。輸送効率のアップが、大きな視点で見れば企業として、環境への貢献にもつながっていたこと、それも含めた評価をいただいたことはうれしかったですね。

具体的な数字の入らない会話は趣味、遊びと一緒である

ビジネスでは、常に数字を分析する力が求められます。数字を見て、現実を正しく把握し、次の策を練る。ムダ、ムラ、ムリは徹底的に取り除いていく。数字を根拠に科学的かつ論理的に考える力がなければ、ビジネスはギャンブルと同じです。

仕事の進捗状況を上司に報告する際、「もうすぐ終わります」のように曖昧で個人差も出るような回答では、正しく状況を伝えることができません。「現在の進捗は70%で、何日の何時までに終わります」と具体的な数字で説明する必要があります。自分の仕事の成果を報告するのであればなおさら、「頑張った」など曖昧な表現ではなく、数字で誰が見ても頑張ったとわかるように伝えるのです。

仕事の報告に求められるのは、この数字によるリアリティです。数字に注目すれば、今実行している仕事への向き合い方、たとえば必要な情報収集を十分にしているかなどが、顕著にわかります。報告のなかに数字を入れるということは、ウソがつけないということです。まさに数字は、誰にとっても平等に評価される言葉なのです。

新しい商品を作りたいのであれば、商品の細かいスペックや、実際の使い勝手について、雰囲気で説明するわけにはいきません。その商品の良さを証明する数字は必須条件です。冷たくなる素材なら何度冷たくなるのか、湿度は何%下がるのか。生地であれば、生地密度が高ければ高いほど手触りは滑らかになる、それを数字で表すのです。数字的根拠がないとしたら、売れなかったという最悪の事態になったとき、当初の売れる想定に対して何が悪かったのか検証することすらできません。

人を褒めるときも、「何が、どう良かったのか」を具体的な根拠を示して伝えることが大切です。反対に、指導が必要な場合は、「なぜ、そうなったのか」「何を、どうすべきだったのか」と、仕事の間違いを具体的に示し、気づきを与え、二度と同じミスをしないようにすることです。

押さえるべき数字を把握している人が、その数字を向上させることができる

（商品部　H・M／1999年新卒入社）

ニトリでは数字で語ることが重視されていますが、これはどの部署、立場であっても同じです。

私は商品部に所属していますが、新しい商品を提案するときも、数字で根拠を示すことが必須です。

類似の商品で今まで売れていたものがあれば、「この商品はこれだけの数売れているので、もう1色増やしたい」というふうに、比較的簡単に進みます。しかし、なぜこの色なのかとなったとき、色やデザインなどのクリエイティブな部分は、数字で表すのが非常に難しいのですが、そこでも数字を求められます。

色の場合は、ニトリの商品の色を管理しているカラーチームがいろいろな展示会に行き、展示されている商品の色の構成比を出すという方法をとります。パリ

やドイツの展示会、ロンドンの市場、アメリカの市場といった各国のデータを円グラフで示し、各国で構成比の高いこの人気色は日本でも売れるはず、と提案します。

似鳥会長は日々数字を細かく見ていて、頭のなかには常に判断基準となる基本数字が入っています。報告に行くと、資料に並んだ数字を「ナナメに見る」だけですぐに、問題点を見つけたり、分析して、鋭く指摘を受けます。

実際に、以前報告に行き、私が作成した資料の数字で、私自身は気づいていない間違いに、「あれ、これおかしいじゃない」と言われたことがあります。こちらは真っ青です。その場では何がおかしいかわからない、でも後で調べたら、確かにつじつまが合わない。会長のこの直感は、すごいと昔から思っています。

私は心配性で、「叱られたらどうしよう」と常に考える性格なので、それほど大きな失敗はしていません。その代わり、ムダなことをたくさんしてきました。何か言われるかもしれないからとずっと数字を調べていたのに、いざ質問されたときは、もっている資料に数字は出ているけど、頭に入っていないのでとっさに答えられない。その場で混乱して、何も答えられなかったということもありました。

仕事の年数を重ねるごとに、自分の何が問題だったのか少しわかってきて、日々の行動から変えていきました。まず、日々細かく数字を見るようにしました。今売上高がどのくらいで、全体の予算に対しての達成率はどのくらいかなどです。

そういう基本的な情報を押さえつつ、自分の業務の説明に必要な数字と、相手が判断するにあたり求めるであろう数字を押さえて、すぐ答えられるようにしておく。大事なところが抜けていると、仕事で信用ができない人だとマイナス評価されてしまいます。

その人が信用に値するかどうかは、求められる数字や、求められていることに対して、自分のなかで消化したものを自分の言葉で説明できるかどうかが重要だということに気づいたのです。

「これだけは、誰よりも詳しく答えられる」という準備をしておけば、ピンポイントで何か聞かれて、それに対する答えがわからなくても、自分が把握している数字の範囲から想定できることを、推定として伝えることができます。そのうえで「この件は調べていつまでに回答します」と言えば、返答になります。

わからないからといって、頭が真っ白になって無言のままでいたら、私が上司の立場でも叱らざるをえません。

必要な数字を把握していて即答できる人が、その数字を向上させることができると人だと判断され、社内で評価、期待されていくのは当然だと思います。数字を把握することの重要さを、若手のときは気がつくことができませんでしたが、今はその重要さを、自らの経験とともに実感しています。

数字に強い人は、全体最適で利益を見ている

（監査等委員会室　S・Y／1977年中途入社）

ようやく6店舗目がオープンした年に、私は入社しました。わずか5名で経理、総務、人事のすべてを担当しましたが、似鳥会長はその当時から、その5人それぞれを教育関係に強い人、数字関係に強い人、というふうに個人の適性を見つつ、スペシャリストの養成に力を入れていました。

そのなかで私は、予算関係がメインの仕事になりました。大店立地法施行前の23店舗同時出店計画の進行や、札幌証券取引所・東京証券取引所への上場など、道のりはハードでしたが、他では味わえない経験の数々は、本当に面白いものでした。

会長は昔から、抽象的な話は一切聞きません。数字で会話する習慣は、経験のなかで鍛えられていきました。

特に本州で出店するようになってからですが、新規出店の際には、私も店舗開発の担当者たちと、5人くらいで乗用車に乗って一緒に現地を見に行きました。打ち合わせにも加わり、店舗の周りにどの程度家が立っていて、家は新しいのか古いのか、人口が集中しているかなど、数字を調べ分析する業務をしていました。

店舗開発は店を出すのが仕事、私は数字を見るのが仕事ですから、会長が双方から意見を聞いて、出店するか否かを決定します。どんどん出店したい店舗開発の担当者に対して、出店して7年間の損益がどのようになるか、投資したぶんの回収は何年でできるのかを数字で説明する、というのが私の役割でした。

会長の数字に対する追求は厳しいです。資料を作っているときは、なぜこんなに細かい数字が求められるのだろうかと疑問をもっていました。しかし後で考えたら、なるほどとその数字が必要だった理由を納得できることが多かったです。

現場では見えにくい会社の危機が、数字上では見えていることがあります。たとえば、昔よく言われたのが黒字倒産です。在庫がたくさんあって、それが資産として残っていれば、損益では儲かっていることになります。しかし、もしそれが全然売り物にならない在庫だったら、お金が入ってくることはなく、キャッシユフローが回らなくなって会社は倒産することがあります。キャッシュフローの数字として、実際に使えるお金がいくら残っているかはとても重要なのです。

今の会社の規模になると、多少在庫が増えたところで、社員の危機意識は薄いでしょう。しかし、儲かっているように見えても、資産の内容がおざなりなら、会社はうまく回りません。こういった観点から、商品部や店舗運営部に在庫の話をすると嫌がられますが、どんな規模の会社であっても、在庫量を抑える、経費を節約するなどの意識や習慣が浸透していることが大切です。

もちろん担当部署によって、追いかけている数字は違います。たとえば、店舗は売上高、商品部なら荒利益高が優先されます。しかし、どの数字であってもそこにかける費用との、費用対効果がどうなのかを考えないと、売れてはいるけど儲かっていなかったということが起きます。売れたのはいいが、広告費がかかりすぎたり、販売後、お客様のお宅に配送する際の人員や手間がかかりすぎた場合などです。

自分や担当部署からの視点だけでなく、全体のバランスを見て、最終の利益はどうなのかという視点をもたなければなりません。それは昔から会長が何度も言ってきているとです。そのためには、いろいろな部署の人とどんどん話すことで理解を深めるのが一番です。

数字を把握し、理解している人間が別の部署に入り込むと、その部署のレベルが一挙に上がります。そうやって一人ひとりの数字に対する意識を変えて、会社全体の経営技術を高めていくのです。

新しい提案は3つ、松竹梅ではなく、「松を3つ」出す

ビジネスにおいて何かを提案するときは、できれば100くらいの候補を出して、それぞれについて調査したうえで、候補を絞り込まなければいけません。

複数ある案のなかから、最終的にどれを選ぶべきか迷うような候補を出すためには、少なくとも3つ、さまざまな視点から立体的に考えた案が必要です。

これは、コップのような立体物を例にすると、わかりやすいと思います。正面から見ると単に円錐台の筒形にすぎませんが、上から見れば円形に飲み口の切り込みが見えてきます。下から見たら二重の円が見えるかもしれません。提案も同様に、物事の一面だけを見た決め打ちの提案ではなく、正面から見た場合と、上から見た場合、下

から見た場合など、さまざまな切り口を基点とする3つの案が必要なのです。

そして、複数ある案からなぜその3つを選んだのか、共通したコンセプトや案ごとの特徴、それぞれの違い、長所と短所について、自分の考えを論理的に説明する必要があります。

さらに提案の際には、客観的なデータや事実の分析と、自分なりの解釈を区別します。いったい何が事実で、何が解釈なのか、これを混同してしまうと、筋が通らない話になってしまうのです。

何かの企画を提案したいというときに、1つの案しか出さないのは、その案に自信があるということかもしれません。しかし、それで簡単に通るほど、会社は甘くないですし、提案先の上司にも失礼です。

本命の案があって他の案には代えがたい場合でも、とっておきの3案を用意することを繰り返す。そうすることで、社員が報告に来るたび、一人ひとりの企画力やプレゼンテーション力が向上しているのを感じています。

「他にはないの？」と言わせない、とっておきの案を出す

（広告宣伝部　T・T／1996年新卒入社）

私は38歳のとき、広告宣伝部でテレビCMの制作を担当していました。

CM制作に限らず、ニトリでは以前から、「3案出す」のが決まりです。1つしか出さないと、「他にはないの？」となる。5つとか6つ、10となると、それぞれの違いは微差でしかなくなるので、そこは提案する側がもっと淘汰をさせて持ってくるべきでしょう、と。そうしたことから「3つ」なのです。

トップによるCM案の最終決定の際も、必ず3案は用意していました。CMの内容については、商品が売れるかどうかと、企業イメージの向上に役立つのかという基準で、トップのなかでも意見が割れるときがあります。私は、提案する3案は考え抜いた結果であることに加えて、必ず、「お客様に感じてほしい本質は、3案とも変わらないこと」「用意した3案は、どういった違いで作られているか

のポイント」を説明していました。共通する部分と、３案の違い、すなわち判断するうえでポイントとなる部分を先に伝えることで、判断する側が、余計なところに気をとられずに済むようにするのです。

例として、人を登場させるテレビＣＭは私が始めたのですが、その際も３案用意し、プレゼンを行ないました。

最初は社内でまったく相手にされませんでした。その理由は、ニトリのＣＭはプロダクトヒーロー、つまり商品主体でイメージを作っていく方向性であり、成果も出ていたからです。それに、人は動くものに目が行く性質があります。ＣＭに人が出ればついそちらを見てしまうので、結局何のＣＭかわからなくなってしまう。だからこそ私も、基本的にはプロダクトヒーローであるべきだと考えています。しかし、ＣＭでお客様の気を引き、会社の認知度を高め、好きになってもらって来店につなげる、それだけに特化したＣＭがあってもいい。機能や構造を、「あれがいい」「これがいい」と説明するＣＭよりも、その商品を使うことで得られるベネフィットを１つだけ、消費者に確実に伝える。そのほうがＣＭ効果があると考えました。

担当していたのがNウォームという季節商品のCMでしたので、似鳥会長にプレゼンをするチャンスもこのテーマに関しては年に一度しかありません。1年目、2年目は「人なんか出すな！」とバッサリで話も聞いてもらえず、3年目も「やらない」の一言で一度は却下されかけましたが、その後で、粘りに粘りました。

もちろん数値的な裏付けをきちんと説明したうえで、「視聴者にただ1つだけ、これを使うとこんなにいいことがある、というベネフィットを端的に説明させてください。そして、それを記憶に残すために、心を動かしましょう、だから喜怒哀楽のなかの〝笑い〟に引っかけましょう、やらせてもらえませんか」と訴えました。

そこまで粘ることには、もちろん躊躇もありました。でも周囲のメンバーがあのCMいいよね、と背中を押してくれました。「周りがそうやって言ってくれているのに、あきらめるの？」と自部署のマネジャーに励まされて、3度目の挑戦ができたのです。

会長には、「この提案は3度目なので、怒られるのはわかっています。お叱りは後で聞きますので、その前に聞いていていただけないでしょうか」と伝えました。会長は「そうか、いいよ、じゃ喋りなさい」と。そしてプレゼンの後、「わかった。お前を信じる、やりなさい」と、最終的にＧＯサインが出たのです。できあがったＣＭは社内でも好評で、ＣＭの認知率もそれまでの３・６倍ほどになりました。利益を数字で表すと、今までと同じＣＭ制作コストで、数十億円もの広告効果を得られたことになります。

　ニトリには、若手のなかにも、面白い発想をする社員が大勢います。ただ、上司への提案にはテクニックも必要なので、うまく伝えられていないな、と感じることもしばしばです。上司としては、そのアイデアの良さをうまく引き出すことが大切だと考えています。

　たとえば「１つだけやりたいことをもって来るな、３つだ」と突っぱねるのでなく、「この提案はどう考えたのか」「やりたいと思った理由は何なのか」「他に方法はあるのか、ちょっとブレるかもしれないけど挙げてみて」というふうにディスカッションする。そして、「可能性としては他にこういう提案もあるなかで、これをあなたが一番と考えて持ってきた理由を肉づけすれば、もっと伝わるんじゃないか」と具体的に指導することで、若手の提案力を育てることも必要だと感じています。

社長と社員も、上司と部下も、気持ちのうえでは対等

人に対する態度を見ると、その人の性格がわかります。部下に対して偉ぶったり横柄な口をきいたりする上司は、たいてい自分の上司に対してペコペコしています。このように相手によって態度を変えるような性格の悪い人に同調してはいけません。権威や肩書きだけで人を動かそうとする人は、会社にとって百害あって一利なしです。

新入社員も中堅も、年齢に関係なくお互いに対等と認め合うことが大事なのです。

これは社長と従業員という立場の違いがあっても同じです。もし社長が「給料を払ってやっているんだから、ありがたく思え」などと言ったら、その瞬間に、社員のやる気は消え失せてしまいます。お互いに役割が違い、それぞれに求められる仕事を分

業して遂行していると、互いを認める気持ちが必要なのです。私自身、社員のなかに尊敬できる人、「かなわない」と思う人がたくさんいます。

もちろん仕事の難易度によって給与は違ってきます。しかし、それは偉いということではありません。同じ会社で働く人はみんな、同じ志をもった仲間で、それぞれが分業しているため、誰が欠けてもビジネスは成立しないのです。

ニトリには、年齢や立場に関係なく、お互いに「さん付け」で呼び合う社風があります。これは活発なコミュニケーションをするためには必要不可欠で、性別や国籍も超えたものです。同じチーム内で、呼び捨てにされる部下とそうでない部下が混在すると、そこから格差が生まれ、それが発展して派閥にもなりかねません。そうしたところから、組織の方向性がまとまらなくなり、悪循環につながります。

企業文化の根底にあるのは「あくまで職位は責任の重さを示すもの。ロマンとビジョンの前にはみんな平等」という思いです。そして、これは社内だけで重んじればよい考えではありません。どんな取引先の人とも対等に付き合おうとする精神がなければ、グローバルなビジネスはうまくいきません。

臆せずコミュニケーションし、先輩や上司の仕事ぶりを学ぶ

（海外販売事業　A・F／2003年中途入社）

私は32歳でニトリに中途入社しました。店舗から始まって、いくつかの部署を経験し、その後、タイ・マレーシア・中国の現地法人である商社の立ち上げや、中国への店舗出店、トップの秘書も担当しました。状況はそのつど変わりましたが、常に人と人との調整が主な仕事だったように思います。

入社した当時は、いよいよ１００店舗を達成するくらいのときで、そこから急激に、店舗数、売上高を伸ばしていった時代でした。２００６年に東京に本部ができ、全国制覇に向けたターニングポイントにさしかかった時期に、経営計画推進室という部署に配属になり、トップと仕事をするようになりました。自分自身の仕事の進め方や考え方が、部分最適から全体最適に大きく変わった時期でした。

経営陣からさまざまな宿題をもらうことの連続だった毎日の業務では、それら

をなかなかうまくこなすことができず、悩んだこともありました。長い時間が過ぎて、今振り返ってみると、自分にとってあの時代は「いい経験だった、勉強になった」と思えたことが多くあります。

そのなかから若い方、20代の方に向けてアドバイスをするとしたら、上司とのコミュニケーション方法と、心構えといったところでしょうか。年齢の離れた上司と対峙するとどうしても緊張してしまう、あるいは、コミュニケーションが上手にとれないことに悩んでいる人もいると思います。先輩や上司に対して萎縮してしまうのは当然です。入社したばかり、異動したばかりだと、仕事の面では何もできない自分を思い知らされる毎日でしょう。

それでも、気持ちのもち方としては対等でいてほしいと思います。基本的な礼儀はわきまえたうえでの話ですが、相手の思いを忖度することなく率直に、聞きたいこと、伝えたいことをそのまま話せばいいのです。経験が豊富な先輩や上司から、自分はどんなことを勉強していけるだろう、何を学べるのだろうとプラスにとらえてほしい。自分で考えてどうしようもないことなら、その悩みをぶつけてみるのです。

実は、若いうちだからこそ、ぶつかっていくことができます。たとえ、話の内容が稚拙でも、方向が違っても、それだけが理由で若手が叱られるということはないはずです。私はこれまで会長や社長に、何千回、何万回と積極的にぶつかって、何百回、何千回と叱られていますが、そのくらいの回数の会話をしたことで、コミュニケーション能力が高まったと思います。

信頼関係というのは、一朝一夕でできあがるものではありません。相手が上司、社長、会長でも、同僚でも友人でも家族でも、基本は同じです。臆することはないのです。

素直な心と振る舞いが、人間関係の好循環を生む

新しいことにどんどん挑戦し、成長しようと考えるのであれば、多くの人を吸い寄せる、磁石のような人間になるように心がける必要があります。「あなたを見ていると元気が出る」と言われるような人になってください。

コミュニケーションを図るうえで、素直さや謙虚さに加えて、態度や表情といった、「人にどう見られるか」に気を配ることができるか否かは、とても重要です。愛嬌がある人は、多くの人から愛され、チャンスに巡り合う機会も増える。一方、無愛想で、人に嫌われてしまうような人には、誰でも近づきにくいものです。

相手が誰であっても上下関係なく、「ありがとう（感謝）」と「すみません（謝罪）」

を素直に言える。約束を守る、相手の言い分に耳を傾ける、そういう当たり前のことができる人に、人は集まってきます。

態度や表情の他に、服装でも人の印象は大きく変わります。私は住まいをコーディネートして楽しむように、スーツもシャツもネクタイもコーディネートして、明るい色を着るように心がけています。明るい色を身につけていると、ちょっと元気がないときでも気持ちが明るくなり、面白いことに、仕事への意欲も違ってくるのです。さらに明るい色の服は、周りの人の気分まで明るくすることができます。逆に黒っぽい服は、暗い気分を誘発してしまう気がするのです。

社会人として身だしなみに気を配るのは当然です。清潔感があり、場にふさわしい服装。それももちろん大切なのですが、色を取り入れ、職場でも服のコーディネートを楽しんでみる。すると、自分も周りも気分が明るくなり、職場に前向きな雰囲気が広がっていきます。

もう1つ大事なのは、気取らないこと。「ええカッコしい」をしないということです。これは頭ではわかっていても、なかなかできません。誰もが少しでも自分をよく見せたいと思っています。だから、つい気取ってしまう。人前で自分をさらけだす勇気がある人は少数派です。

しかし、背伸びせずに、わからないことはわからない、知らないことは知らないと正直に言い、教えを請い、自分のありのままを見せていると、自分の欠点を補ってくれる人や、困ったときに助けてくれる人が出てくるのです。

成長する人の周りには、いざというときに助けになってくれる人が集まります。何かに困っているとき、問題に直面し対応に難儀しているとき、親身に相談に乗ってくれる、喜んで協力してくれる人がいるのは、非常に心強いものです。

誰の世話にもならず、自分だけの力で生きていける人など、一人もいないのです。

ビジネスも一人の天才のひらめきでうまくいくものではなく、多くの人の協力ではじめて成功するものです。

自ら努力して相手との相性を創っていく

人はそれぞれ性格が違うので、性格が合う、合わないといった相性が存在します。しかし私は、相性とは、お互いで「創る」ものだと思います。友人関係にしても、最初から完全に相性がぴったりという相手など、まずいません。

上司の態度、同僚の行動の気に入らないところを挙げ連ねるのではなく、相手の短所は自分が補って、自分が足りないところを相手に補ってもらう。それが「相性を創る」ということです。お互いがそうすることで、チームとして大きな力が生まれてきます。

相性が悪い相手ということは、別の視点で見れば、自分にとって新しい価値観やものの見方を教えてくれる存在でもあるということです。

優秀な人ほど、どの会社にいても、周りの人間が無能に見えてしまいがちです。たとえば、事務作業の処理能力が高い人は、自分を基準に相手と比べてしまいます。でもそれは、相手の短所を見ているということです。自分の尺度でのみ相手を測ってもその人の本当の実力は見えてきません。「この人にも何かしらいいところがあるだろう」と、いい面を探していく。お互いの個性を認め合って、自ら努力して相性を創っていくのです。

お互いに、自分の立場ばかり主張するのではなく、相手に自分を合わせていく。それが、人間関係を築く土台となっていきます。

人と会社の相性も同じことです。自分がいる会社の欠点を数え上げても、キリがありません。すべて完璧な人などいないように、何も問題のない完璧な会社など、この世にないのです。それを自分で意識して、その会社との相性を創っていくことです。

自分に合わないからというだけの理由で、転職を続ける人は、こうした努力が欠けているのではないかと考えます。人生の過ごし方として残念といわざるをえません。

積極的な姿勢が周囲を巻き込み、前進する原動力になる

仕事のなかで都度発生するミーティングや会議において、手を挙げて、自分が考えていることを積極的に伝えることができているか、自問自答してみてください。

実際、会議などで上司や同僚とは異なる意見があっても、「これを言ったら雰囲気が悪くなるから、言わないでおこう」と、周囲を気にして、自分を抑えてしまう人が大勢います。特に、新入社員や中途入社の人などは遠慮しがちですが、遠慮していては、いつまでも自分の意見を伝えられません。同じ会社・組織にいるにもかかわらず周りに遠慮し、意見も言わずに働いているとしたら、その人にはビジョンを実現するための強い想いと自信が不足しているのです。

同じ会社・組織であれば、考え方や意見に違いはあれども、根本的に目指す状態は同じはずです。言いにくい雰囲気であろうと、まずは自信をもって、自分の意見を積極的に伝えてみることです。

もちろん、意見が毎度通るわけではないでしょう。しかし、通らなかった理由がわかるようになる。理由がわかれば、自分の意見をブラッシュアップし、新たな提案ができます。

一人でも多くの人が意見を出し合い、目指すあるべき状態を考えていくことで、個人も組織も成長します。他人の目や評価を気にするあまり、たとえ反対だと思っても意見を言わず、問題を先送りする人が増えていくことは、確実に組織を蝕み成長を鈍化させてしまいます。このような症状を大企業病というのです。

「上司が動いてくれない」「部下がやろうとしない」「他の部署が協力してくれない」と仕事がうまくいかない言い訳として、外部環境のせいにする人がいますが、それは、上司や部下、関係する部署を動かせない、あなたに責任があります。本人がいかに積極的に働きかけるか次第で外部環境は変わる。そう思わなくてはなりません。

こうした理屈を頭では理解できても、実行に移すとなると勇気がいります。

多くの管理者に見受けられるのが、いい加減な仕事をしている部下を厳しく指導できない、叱れないという点です。理由は、叱れば関係がささくれ立って、雰囲気もギスギスしてしまう。その後のケアに、叱った数倍のエネルギーが必要になるので、それを避けるために放棄しているのです。

こういう人ほど、自分の上司の前や社外に出ると、「部下のできが悪い」といった不満をぶつけます。それは自らの無能ぶりを吹聴しているようなものです。

たとえば、部下に指示を出す場合、結果に対する責任はあくまで上司の側にあります。ですから、上司は常に進捗状況の報告を受け、もし軌道修正を要する場合は、それをはっきり伝え、修正させなければなりません。これをせずに放置しておいて、重大な問題が発生した際に、「信頼して任せたのに」などというのは、責任回避以外のなにものでもありません。上司には部下を成功に導く義務があるのです。

叱るとは、未熟で不慣れな後輩に、一日も早くプロとしての仕事ができるようになってほしいというコミュニケーションなのです。根気もいるし、試行錯誤を繰り返す必要もあります。それでも粘り強くこれを繰り返していかなければ、真に人を動かすのは不可能なのです。勇気をもった指導が人と組織を強くしていきます。

一方、仕事を任せられた部下の側も、仕事の進捗状況を上司に報告するときには、嫌なこと、都合の悪いことほど、早く正確に伝えなければ、問題を未然に防ぐことも、最小限に食い止めることもできません。

自分の立場を守るためにその場限りのごまかしをしてはいけない、ということを肝に銘じてください。

論理的な指示・命令が、行動を変え、人を育てる

（店舗運営部　K・S／2003年新卒入社）

私は店長時代の経験から、論理的思考でないと人を動かすことはできない、ということを実感しています。今までに年間売上高8億円の店舗、20億円の店舗、40億円の店舗の店長を経験しました。店の売上高規模が変われば当然、オペレーションを変えなければなりません。前の店舗での店長としての経験が次の店舗では通用しない、そうした壁に何度もぶつかりました。

やり方を変えなければいけないことはわかっていても、年間売上高が40億円の店舗の店長となった当時34歳の私は、前の20億円の店舗のやり方を踏襲しようとし、大きな失敗をしました。敗因は、全部自分でやろうとしてしまったことです。今までこなせていた仕事にも手が回らなくなり、どんどんしわ寄せがきて、売場は乱れる、お客様からの苦情は増える。そうした壁にぶつかりはじめて、一緒に

働く従業員へのコミュニケーションが不足していたこと、うまくマネジメントできていなかったことに気づきました。

年間売上高が8億円から20億円の店舗へ異動したときは、一人で2倍頑張れば、周りに頼らずともなんとか乗り切れていました。でも、年間売上高規模がさらに2倍の40億円の店で一人で4倍頑張るのは難しい。それからは、従業員と役割分担をするようになりました。自分でなければできないことと、他の人でもできることを区別したのです。

業務を任せる人と一緒に売場を回って、その業務を行なう目的、その根拠となる数字を示し、いつまでに行なってほしいか、期限を伝える。言われた人は、そこから考えて実行に移してくれる。こうしたコミュニケーションの機会を増やすことで徐々に、私の分身になってくれる存在が育っていきました。従業員一人ひとりの行動も変わり、店がうまく回るようになっていったのです。

ニトリの観分判というのは、共通の言葉である数字を示して、かつ費用対効果を考えて、実行すべきかどうか、といった判断をするということです。店舗で部下に命令を出すとき、「店長である私がこう思うからやってほしい」ではなくて、論理的に、全員が共通して理解できる数字を使って、目的や根拠を示せば、全員が賛同し、意見を出してくれます。

私は店舗勤務を経て、現在は店舗運営部の業務改革に従事しています。フロアマネジャーになりたい、副店長になりたい、店長になりたい、もっと大きい店の店長をやりたい、という希望がかない、それぞれの立場だからこそできる仕組みづくりに取り組み、さらにもっと大きく改善改革をしたいとなったときに、現在の部署に配転となりました。

店舗の外に出たことによって、店舗が抱えている問題点に改めて気がつきました。今後は本部から、店ごとではなく全店規模の働きかけによってこそ変えていける、改善改革に取り組みたいと考えています。

個人的な悩みは、仕事への影響が大きい

私はこれまで「常に数字で考えなさい」と伝えてきました。しかし、上司として部下を束ねる立場になった人は、それだけでは駄目なのです。右手にそろばん、左手に義理人情とでもいったらいいでしょうか、部下をもつ人は、厳しさと愛情の両方をもっていることが不可欠です。

20代後半から30代に入るころから、少数の部下をもち、数値責任をともなう役割・立場を担う人も出始めるでしょう。人が社会人として成長していくうえで、上司の果たす役割はとても大きいものです。「チャンスを与えてやれば伸びるのに」と思う人はたくさんいます。そういう部下にチャンスを与えられるかどうかは、上司次第なの

です。

部下にどんどん挑戦させて、「失敗の責任は私が取る」と言って見守る。上がそうでなければ、下は伸びません。放置していても、数％の割合で大きく成長する人が出てくるでしょう。しかし、上司が部下の背中を押して成長のサポートをしてあげれば、その割合はずっと増えるのです。

指示を出しても思った成果が出てこないとき、無能な上司ほど、すぐに自分でやりたがります。しかしそれでは人は育ちません。部下にトライアンドエラーを数多く経験させ、成功するよう指導することで成長の下支えをするのです。

さらに、部下の仕事ぶりに注目するだけでなく、私生活に関してもある程度知っておき、悩みを解決する方法を教えてあげるのも上司の仕事です。仕事だけのドライな関係では、人はついてこないのです。

持病を抱えていたり、夫婦仲が悪かったり、嫁と姑の関係がうまくいっていないとか、子育てに何か問題があるというふうに、私生活で悩みがあると、仕事でも全力を出せません。心が疲れると、考えること自体が嫌になってしまうものです。

個人的な悩みは、深ければ深いほど仕事への影響が大きい。だからこそ、部下をもった人は、部下から頻繁に悩みを相談され、それに対して的確なアドバイスをあげられるような人間関係をつくるよう、努力しなければなりません。

部下が今の生活や仕事のことで何かに悩み、会社を辞めようかと考えるような壁にぶつかっているときに、それを乗り越える手助けをするのも、当然、上司の仕事です。「上司と合わないし、もしかしたら自分の適性の問題かもしれない」などと部下が疑問を抱きつつ退職することがあれば、それは上司に問題があります。

部下に無能者はいません。部下をサポートし、成長させて自分や組織の大きな力になってもらう。それができない、無能な上司がいるだけです。

有言実行によって、ロマンを共にする仲間が集まる

社長、マネジャー、店長。どんな職種であろうとも、人の上に立つ者は、会社を良い方向に変えるために悪い習慣を見つけ、断ち切ってなくす。そのうえで、誰がやっても自然にそうなってしまう仕組みをつくり、習慣として定着させなければなりません。

仕組みを定着させるには、時間がかかります。年度の初めなどの節目や、思い出したようにたまに実行を促すのでは、効果がない。毎週、毎日でも、100%仕組みが定着するまで教え続けるしかありません。そうすることで仕組み通り実行しなければならないという意識が自然に生まれます。

威勢がいいのは最初だけで、結局は仕組みをつくった当人も行動がともなわずに途

中で投げ出してしまう――。こんなことが一度でもあれば、社員は安心してついていけないと感じ、会社からの指示や命令に疑念を抱くようになるでしょう。

私自身、懸命になって「日本の暮らしを変えるんだ」と言い続けても、最初のころの社員たちの反応は鈍いものでした。なかなか考えが伝わらず、信頼を得られないまま退職してしまう人もおり、一人で空回りしているようでした。

考えをうまく共有できなかったのは、私自身が具体的なビジョンを打ち出せず、行動で示すことができていなかったせいです。つまり仕組みが不完全だったのです。当時の社員からしたら、何をすればいいのかわからなかったのでしょう。「こういう人に自分の人生を預けて大丈夫なのか」と思った人もいたのだと思います。

それでもあきらめずに同じことを言い続け、あらゆる場面で自ら率先垂範を心がけ行動し続けるうちに、少しずつ、ロマンを私と共有し、ビジョンの達成に向けてあらゆることに挑戦していこう、という社員たちが出てきたのです。

若くて頼りないリーダーの言うことを、素直に信じて発展させてくれる人、夢を共有して取り組もうと思った人たちが踏ん張ってくれたから、今のニトリがあるのです。

教育によって「会社の理念」を全社員に浸透させる

（組織開発室　T・O／2013年中途入社）

私は40歳でニトリに中途入社し、現在人事を担当しています。入社した当時、「住まいの豊かさを世界の人々に提供する」という、社内では「ロマン」と呼ばれる企業理念が社員の行動レベルにまで浸透していて、大変驚いた記憶があります。

ニトリでは、全社員に企業理念を理解してもらうため、採用の段階からニトリが目指す「ロマン」の意味を正確に伝えるようにしています。

入社後は、会議や社内報、全社懇親会などを通じて、似鳥会長や経営層の「ロマン」への想いに直接触れることができるようにし、朝礼や研修では、社員自身が自分の「ロマン」を語る機会をできるだけ多く用意しています。毎年、１２００人以上が約10日間にわたって参加するアメリカセミナーは、その代表的なイベントです。

ニトリはこの個人の「ロマン」を語り合う文化のおかげで、組織の規模が大きくなっても、企業理念がよく社員に浸透した強い組織を作り、企業成長へとつなげてきました。

しかし、ニトリのビジネスにおけるグローバル化やテクノロジー化が進んでいくなか、社員の構成も変化し、さまざまなバックグラウンドをもつ社員が増えてきました。そういった社員への企業理念の浸透が人事部署の新たな課題となっています。

ニトリでは現在、国内の正社員のうち、外国籍社員は約５％を占めており、その内訳は、中国、韓国、台湾、ベトナム、モンゴル、アメリカなど12か国に及びます。グローバルに事業展開していくにあたって、本格的に外国籍の方の採用をスタートしたのは２０１５年入社からで、実は、採用当初３年ほどの外国籍社員の定着率はよくありませんでした。

そこで、その原因を調査しました。

ニトリでは国籍を問わず、最初は日本の店舗へ配属となります。４年経験するとフロアマネジャーという職位に就き、責任が与えられます。しかし、外国籍社員のなかには、早く母国に帰って発展に貢献したいと思って入社した人もいます。そうした人たちが、日本での店舗業務にこらえきれずに辞めているケースが大半だったのです。

つまり、最初のマインドセットの部分が甘かった。ニトリにはこうした企業理念があるからこそ、店舗で経験を重ねることが必要なのだと、伝えたうえできちんと腹落ちさせる必要があると痛感しました。人事側も外国籍社員に伝えきれていませんでしたし、身近にいる上司も入社後、改めて説明する必要はないと思っていた。このように、典型的なミスコミュニケーションが多くの場面で起きていたのです。

何度も繰り返しその重要性を伝えること。本人が納得するかたちで、会社の理念や基本的なルールを理解できているかが重要なのです。

同時に、外国籍社員をやみくもに日本国籍社員と同化させようとするのでなく、彼らは、私たちの意識を変えてくれる人たちだという視点に切り替えました。特に「ギャップ」は埋めなければいけないけれど、一人ひとりの「違い」は価値があり、ギャップと混同してはいけないということです。

そのために、外国籍社員を受け入れる側となる日本国籍社員、フロアマネジャーや店長の教育を進めていきました。

ギャップは埋めないとコミュニケーションがとれないということを理解してもらったうえで、シミュレーションを行ないます。たとえばこの場面で外国籍社員がこういうことを聞いてきた場合、あなたはどう答えますか、といったことです。そのようなロールプレイング教育を店長たちに施しました。

その結果、「仕事の指示に関して、その内容や意味といったことを、より細かく、より丁寧に説明することは、外国籍社員に対してだけでなく、すべての若い社員にも行なったほうがいい、という気づきにつながった」というような、自分のマネジメントスタイルが変わったという感想が多く寄せられました。

外国籍社員からＳＯＳが出る組織では、実は日本国籍社員も同じ問題に悩んでいることが多いのです。

実際に、今の若手社員たちの多くは、国籍に関係なく、「どうしてそれをする必要があるのか？」といった意味の説明を求めています。自分の成長が可視化されないと納得できない。異文化コミュニケーションやマネジメントの研修を受けることで、そうした組織全体の問題意識も顕在化しました。

理解するまで繰り返し伝えることが重要であるのと同様に、教わった結果として本人がその内容を咀嚼したうえで、他者に伝えられるようになることも重要です。自分の会社の本質的な魅力を自分の言葉で説明できること。それが、「会社の理念」を全社員に浸透させる第一歩だと思っています。

豊かな暮らしの実現を自らの使命とし、「明るい哲学」でやりきる

（商品部　Y・N／1983年新卒入社）

現在は商品部で主にコーディネートを柱とする業務のマネジャーをしています。ニトリが日本、そして世界に、「住まいの豊かさ」を提供するためには欠かすことのできない多品種、多品目のコーディネート商品を開発し、普及するために、企画からデザイン制作、そして実際の店舗の演出や売り場づくりの指示書作成などを担当しています。

またそうした業務の他に、社内の研修のプロデュース、特にアメリカ研修では講師を務めるなど、似鳥会長から命を受け社内教育にも携わってきました。

もともと私はインテリアコーディネーター志望で、当時ニトリがインテリアコーディネーターを募集していたので入社しました。入社して次の年からは4年ほどハウスメーカーに出向して、実際にインテリアコーディネーターの資格も取得

しています。やりたかった仕事だけれども、お客様が本当に望んでいることと、その当時の住宅事情や取り扱っている商品とに大きなギャップを感じながら仕事をしていました。

　そんな私にとって大きな転機となったのが、日本リテイリングセンターが主催する中堅育成セミナーに参加し、渥美俊一先生からチェーンストア理論を学んだことでした。「チェーンストアのバイヤーは商品開発によって、日本の人口を１億人としてその８割、８０００万人の暮らしを、１人で変えることができる」。この言葉が衝撃的でした。私がインテリアコーディネーターとして精いっぱい頑張ったとしても、１年で２５０件のお客様の役に立つのがやっとです。もっとチェーンストアについて学びたくなり、渥美先生の講義を一字一句聞き漏らさずにノートを取って、家で復唱したりそのノートを自分なりに書き換えたりと、勉強に取り組みました。

　しかしまたここで、葛藤に苦しみました。勉強すればするほど、現実の業務との大きなギャップを感じ、それがどんどん憤りとなって湧き上がってきてしまうのです。会長がいう「ロマンとビジョン」はすごく魅力的だけれども、なぜ理想とされていることと現実がここまで大きく食い違ってしまうのだろうという絶望。そして何もできない自分への無力感。その想いから、商品や売り場、教育の仕組みなどもっと変えるべきだと思うことをまとめて、本部にひらすらレポートを提出していました。

そのレポートをきっかけに出向から戻り、新設部署の営業企画室に着任になったころ、当時抱いていた疑問、憤りを、会長にぶつけてしまったことがあります。

1995年にアメリカ研修に参加し、会長たちとともにアメリカのさまざまなフォーマットの店を視察していたときのことでした。ある企業の店舗を訪れ、売り場を見ていてすごく腹が立ってしまって、たまたま近くにいた会長に「遅いです」と訴えました。「アメリカのチェーンストアが楽しいライフスタイルの提案をしている売場を、みなさん何回も見ているはずです。なのに、なぜ日本ではこれができないのですか」と。

そのあとすぐ、出過ぎたことを言ってしまった、と反省しました。すると会長がやさしく「日本で、こういった商品を、こういう売り方ができるのはニトリしかない。なぜならすごくリスクを伴うから」と説明してくれました。「トータルコーディネートを前提につくる商品のなかには、売れるものもあれば、売れないものもある。売れないことがわかっていても、作らなければコーディネートにならない商品があるために、企業側の『我慢』が必要になる。その我慢は、伴うリスクが大きすぎるので、大手企業では難しい。つまり、中小のニトリが、これからやるしかないのだよ」と。そう言われたとき、嬉しくて涙が出たのを覚えています。

その言葉を聞いて改めて、その理想をこれから成し遂げるために私はニトリにいるのだと、できていないと嘆いたり、憤ったりするのではなく、自分でできるようにする。私の使命なのだから、失敗を恐れずにチャレンジする、ニトリの「明るい哲学」でやりきるしかないと覚悟を決めました。

2003年に女性で初の店長になるなど、配転教育で他の部署での経験も重ねましたが、私の仕事の中心には、常に「ニトリのロマンを成し遂げる」「楽しいライフスタイル・コーディネートの提案を日本で実現する」という強い信念がありました。

実際に私は大きく3つ、ニトリのコーディネートを発展させるための取り組みを行なってきました。

１つ目は色です。一つひとつの商品がどんなに魅力的でも、それらを組み合わせたときに色相やトーンにずれがあれば、ちぐはぐな印象になってしまいます。カラーコーディネートできる仕組みをつくるため、あらゆる商品の色の基準となるニトリカラーを作成し、その後の変化にも対応できるよう、３年ごとに更新し続けています。

２つ目はシリーズ展開です。ニトリカラーを基調に、家具やカーテン、クッションなど、まとめて１つのシリーズとして提案するものでした。それまで家具売り場の一つでしかなかったモデルルーム（室内を再現した売り場）を、コーディネートを見せる生活提案の売り場として再定義しました。この取り組みは、まだなかったトータルコーディネートの概念を日本に浸透させるうえで大きな役割を果たしました。

そして２０１５年、54歳でコーディネート商品企画のマネジャーに就任してからは、お客様のライフスタイルに合わせたコーディネート提案をするための、ブランド開発を進めてきました。これが３つ目です。

もし、ニトリが「日本一」を目指すのなら、今のレベルでいいのかもしれません。しかし「世界一」を目指すのなら、このブランドと、そのなかで提案するインテリアスタイルのさらなる進化を避けて通ることはできないのです。

自分の好みのスタイルがよくわからないからシンプルなものを選ぶと、結果として無難なインテリアにまとまってしまう。それを、ニトリの売場でナチュラルやフェミニンなどさまざまなスタイルの選択肢を用意して、そのなかで「これが自分らしい」というものにお客様が気づく。それも気軽に買える予算で、自分のスタイルが作れる。これが、会長がアメリカで言っていた他の企業ではできない、ニトリができることだと思うのです。そしてそれが最大の社会貢献となり、そんな領域に入ってようやく、ニトリが世界で戦えるようになると思います。

お話ししてきたように、私は私自身の不足に対して憤りをもって仕事をしてきました。正しい憤りは仕事の活力になります。文句で終わらせてしまうのではなく、自ら行動し、変えていく挑戦を繰り返すことで、実際に変わったこと、変えられたことが多くありました。

そうした経験をしてきたからこそ、若手が質問できる雰囲気をもち続け、「小さなことから変えていこう」と言える上司でありたいと思います。人に認められる、数字が変わる、そうした小さな成功体験は、憤りを活力に変える、前向きな気持ちと自信につながるのです。

気をつけなくてはならないのは、「優秀だ」と言われることに固執してしまうことです。一時的に「優秀だ」という評価が得られることはあっても、褒められたいがばかりに失敗することを恐れ、小さくまとまってしまえば、「器用な人」で終わってしまいます。若い世代には、憤っていい、挑戦して失敗していいと伝えたいと思っています。

若手のうちは、自分の夢にお金だけでなく時間も投資することをお勧めします。自分のスペシャルティ、つまり、得意なことや、やりたいことはなるべく早く見つけたほうがいい。誰よりもそのことについて考え、勉強し、実行しました、と言えるように、会社のなかで「これ」というもので一番になれるようにする。それが、会社が向かっている方向と一致する限り、実りある仕事人生になっていきます。

今、時代は大きく変わっています。私が入社した１９８０年代は、ものが買えるということが豊かさでした。今は、ものがあふれているにもかかわらず、自分の暮らしの便利さや楽しさにつながっていない。「なんでこんな家になってしまったんだろう」と途方に暮れ、家のなかを変えたいというニーズは潜在しています。

コーディネートによって、「こういう暮らしがしたかった」というお客様の理想のライフスタイルを実現したい。「豊かな暮らしとは何か」と問われたら、私は「みんながコーディネートを楽しめる暮らし」を豊かな暮らしだと答えます。

今ほど仕組みが整っていない時代から、私は「ここはすごい会社だ」と思いながら、ニトリで働いてきました。ひたすらロマンとビジョンを求めて、失敗を恐れずにさまざまなチャレンジをする。それが会長の言う「明るい哲学」です。

ロマンを実現させるため、現状否定を行ない、順調ななかでも変えることを良しとして実行する。そういう姿勢を後輩たちに見せる。そういう幹部が多い会社は、変わり続けることができるでしょう。私自身、そうした存在でありたいと願っています。

おわりに——「世のため、人のため」に終わりはない

適正な品質の商品を、できるだけお求めやすい価格でお客様に提供することで、日本に暮らす人の生活をアメリカのように豊かにしたい。ひいては、住まいの豊かさを世界の人々に提供したい——。私たちは53年、このロマンのもとで、業界慣行、過去の成功体験にとらわれることなく、さまざまなチャレンジをしてきました。

ニトリという組織に関わるすべての人が同じロマンを共有し、全社一丸となってそれを実現しようと行動することで、はじめてロマンは実現します。そんな思いから、私たちは特に「人材教育」に力を注いできました。

アメリカ、ベトナムでの現地セミナーなどの海外研修費を含めると、ニトリが社員ひとりにかける年間教育費は、一般の上場企業の平均教育費の4~5倍に相当します。

「そこまで教育にお金をかける必要があるのだろうか？」と思う方もいるかもしれません。しかし、「企業は人なり」。人材こそが企業にとっての宝であり、人が育てば成果は後からついてくる――。このように私たちは「人材の育成」のほうが先であると考え、徹底して「人づくり」に時間もお金もかけてきました。

創業50年を迎えたことは、感慨深いものがありましたが、これもひとつの通過点にすぎないと考えています。全員で課題に取り組み、成果を生んできた過去の成長は、未来を約束しているわけではありません。

激しい変化が起きている現代において、商品、そしてコーディネートを軸とした売場づくり、供給プロセス、物流、ＩＴなど、さまざまな仕組みやシステムは、これからも変化し続けますし、異なる業界からライバルが出現することも多くなるはずです。

ニトリの社員一人ひとりが、本書で述べてきたことを完全に行なえているのかといえば、道半ばのところもまだまだあります。創業以来大切にしてきた「現状否定の文化」を、これまで以上に徹底していくことで、成長・発展を続ける企業であり続けたいと考えています。

時代の急速な変化のなか、視点を変えれば、私たちにも、まったく異なるフィールドや、新しい技術に挑戦できるチャンスが到来しています。そうした新たなビジネス環境のなか、教育によって「チェンジ、チャレンジ、コンペティション、コミュニケーション」の「４Ｃ」を身につけた人材こそ、次世代のリーダーの役割を担う人なのだと思います。

私たちには、次の大きなビジョンが待っています。「住まいを豊かにする」というロマン、すなわち、「世のため、人のため」に終わりはありません。

本書を読んでくださった方が、仕事と人生を実り多きものにする「ロマン」を胸に、素晴らしい人生を歩まれることを心から願っています。

株式会社ニトリホールディングス代表取締役社長兼ＣＯＯ　白井俊之

似鳥 昭雄（にとり・あきお）

ニトリ創業者。株式会社ニトリホールディングス代表取締役会長兼CEO。1944年、樺太生まれ。66年、北海学園大学経済学部卒業。67年、似鳥家具店を札幌で創業。72年、米国視察ツアーに参加。同年、似鳥家具卸センター株式会社を設立。78年、社名を株式会社ニトリ家具に変更。86年、社名を株式会社ニトリに変更。2010年、持株会社へ移行。17年、500店舗を達成。20年2月期で33期連続の増収増益を達成する。

著書に『運は創るもの』（日本経済新聞出版）、『ニトリ　成功の5原則』（朝日新聞出版）、『リーダーが育つ55の智慧』（KADOKAWA）などがある。

ニトリの働《はたら》き方《かた》

二〇二〇年九月五日　第一刷発行
二〇二〇年一〇月五日　第二刷発行

著者　似鳥《にとり》 昭雄《あきお》
発行者　佐藤 靖
発行所　大和《だいわ》書房
東京都文京区関口一-三三-四
電話 〇三-三二〇三-四五一一
装丁　杉山健太郎
印刷　歩プロセス
製本　ナショナル製本

ISBN978-4-479-79718-0

http://www.daiwashobo.co.jp/